KB044113

말빨의 귀재

말★빨의 귀재

잘나가는 사람들의
신속한
설득노트

리오넬 벨랑제 지음
안수연 옮김

contents

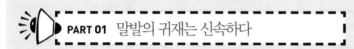

PART 01 말발의 귀재는 신속하다

신속한 커뮤니케이션은 패스트푸드의 요람이자 속도전에 민감한 미국 문화에서 비롯되었다. 오늘날엔 실무현장에서 필수요소로 점점 더 입지를 굳혀가고 있다. 특히 요즘처럼 스피드가 중요한 시대에는 강력한 무기다. 그러므로 몇 분 안에 누군가를 설득해야 할 경우, 철저한 준비와 적절한 대처법을 미리 터득해야 한다.

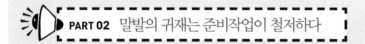

PART 02 말발의 귀재는 준비작업이 철저하다

간결한 발언은 점진적인 작업을 통해 이루어지는 것이기 때문에 처음부터 간결한 발언을 준비하기는 어렵다. 당신은 제거하고 삭제하면서 이른바 '작품의 진수', 다시 말해 발언의 핵심을 식별해내야 한다. 신속하고 효율적인 준비를 위해 이전 단계에서 선별한 정보를 토대로 발언 내용을 써내려가야 한다.

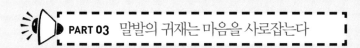

PART 03   말발의 귀재는 마음을 사로잡는다

상대의 관심을 잡아두기 위해서 긍정적인 의미가 담긴 단어로 말을 시작한 다음, 이어 짧게 침묵하고 강렬한 시선으로 한 곳을 오래 응시하는 것이 중요하다. 이렇게 시작하는 것은 나름의 효과가 있다. 그렇게 함으로써, 당신은 상대의 주의를 환기시켜 당신이 공들여 체계적으로 구성한 무언가를 말할 준비가 되어 있음을, 또 상대편이 주의 깊게 경청해주길 요청한다는 뜻을 전한다.

contents

PART 04 말발의 귀재는 감정을 관리한다

설득할 시간이 몇 분밖에 없다는 사실은 상당한 스트레스로 작용한다. 그래서 간결한 발언을 하기 전에 감정을 관리하는 법을 배우는 것이 중요하다. 짧은 시간에만 연연하다 보면 프레젠테이션을 하기도 전에 스트레스와 막연한 불안감이 당신을 먼저 엄습할 것이다.

PART 05 말발의 귀재는 신념이 확실하다

다른 사람들이 당신의 말에 주의 깊게 귀 기울이게 하기 위해서는 일관성 있는 태도를 보여야 한다. 일관성은 신뢰의 토대가 된다. 일관성으로 개인적인 평판이 좌우되기도 한다. 이러한 사실은 물론, 그 사실에 대한 인식은 아주 중요하다.

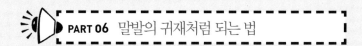

PART 06   말발의 귀재처럼 되는 법

우리는 간결하게 발언하는 일에 대해 걱정해왔지만, 더 이상은 그런 걱정을 하지 않아도 된다. 간결한 발언에는 준비와 훈련, 그리고 앞으로 나아가려는 의지가 필요할 뿐이다. 이제 열정을 갖고 몰입한다면 당신도 프로가 될 수 있다.

시간이 짧으면 짧을수록 의사표현이 그만큼 더 힘들어진다는 사실은 너무나 잘 알려져 있다. 당신은 이 사실을 믿고 싶지 않을지도 모른다. 그러나 오늘날 실무현장에서 신속한 커뮤니케이션 방식은 더욱더 입지를 굳혀가고 있다. 따라서 당신이 단 몇 분 안에 상대방을 설득해야 한다면 적절한 준비 방법과 불확실한 상황에서 대처하는 방법을 터득해야 한다. 이것이 바로 성공하는 프레젠테이션의 조건이다. 이런 도전을 잘 완수해내기 위해서 당신은 성공의 밑거름이 되는 모든 강점을 다 동원해야 한다.

먼저 이 책은 프레젠테이션 기술에 대해 스스로 비판적으로 진단하는 데 많은 도움을 줄 것이다. 자신의 경험을 되짚어볼 것이며, 시간이 촉박한 상황에 대비하고 그 어떤 상황이나 함정에서도 난관을 물리치는 법을 배울 수 있을 것이다.

어느 정도 시간을 할애해 철저히 준비한다면 당신은 신속하면서 간결한 발언의 전문가가 될 수 있다. 준비작업을 통해 아이디어를 수집하고, 승산 있는 시나리오를 작성하고, 주목을 끄는 표현을 찾아내고, 아이디어를 명료하게 밝히고, 핵심을 찌르는 단어를 선택할 수 있을 것이다. 또한 청중에게 설득력과 일관성을 갖추고 신뢰감을 주면서 편안하게 핵심에 다가가는 법을 배울 것이다.

자신의 신념을 믿어야 메시지를 확고하게 전달할 수 있다. 또한 목소리와 동작, 카리스마는 당신을 뒷받침해주는 든든한 지원군이 된다. 확실히 강한 집중력을 발휘해 자연스럽게 열의와 성실한 태도를 보여준다면 상대방을 설득하는 데 큰 도움이 될 것이다.

이 책을 통해 적절한 호흡법과 정확한 어조로 발언에 활력을 불어넣는 법을 배우기 바란다. 그렇게 하면 당신은 보다 유리하게 상대를 설득하고 청중을 매료시킬 수 있다. 힘들다고 정평이 나 있는 이 훈련이 이제 게임처럼 흥미진진해질 것이다. 자신감이 커져감에 따라 한층 더 나아진 자신의 모습을 발견할 것이다. 또 효율적으로 평가·분석하고 교훈을 얻어내는 법, 그리고 주요한 경험을 성공의 지렛대로 이용하는 법을 가르쳐줄 것이다. 이 책을 통해, 더는 두려워하지 말고 발언할 기회를 많이 만들어가길 바란다.

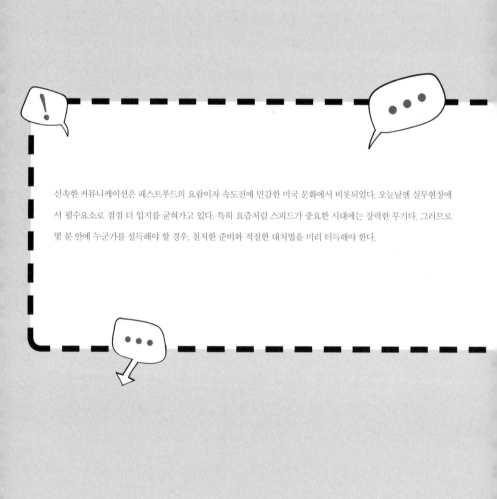

신속한 커뮤니케이션은 패스트푸드의 요람이자 속도전에 민감한 미국 문화에서 비롯되었다. 오늘날엔 실무현장에서 필수요소로 점점 더 입지를 굳혀가고 있다. 특히 요즘처럼 스피드가 중요한 시대에는 강력한 무기다. 그러므로 몇 분 안에 누군가를 설득해야 할 경우, 철저한 준비와 적절한 대처법을 미리 터득해야 한다.

말발의 귀재는
신속하다

세 가지 의도를
분명히 하라

누구든 시간을 스스로 선택할 수 없다. 시간은 우리를 기다려주지도 않고, 우리가 마음먹는다고 시간을 앞지를 수도 없다. 한정된 시간 내에 일을 처리해야 하거나 신속하게 일을 처리해야 할 때 시간 활용은 무척 중요하다. 그래서 가장 일상적인 경우는 물론, 아주 특수한 경우에도 좀 더 서둘러야 하는 상황, 그리고 그 상황에서 생길 수 있는 문제를 미리 확인하는 것이 바람직하다. 그다음 우왕좌왕하지 않고 신속하게 일을 처리해야 한다. 그러기 위해서는 당신이 원하는 것을 분명히 해야 한다.

업무와 관련한 수많은 상황에서는 세 가지 의도가 작용한다. 그것은 '말하기' '요청하기' '얻어내기'다.

1. 신속한 커뮤니케이션엔 특별한 것이 있다

신속한 커뮤니케이션은 패스트푸드의 요람이자 속도전에 민감한 미국 문화에서 비롯되었다. 오늘날엔 실무현장에서 필수요소로 점점 더 입지를 굳혀가고 있다. 특히 요즘처럼 스피드가 중요한 시대에는 강력한 무기다. 그러므로 몇 분 안에 누군가를 설득해야 할 경우, 철저한 준비와 적절한 대처법을 미리 터득해야 한다.

1990년대 말부터, '엘리베이터 피치'('엘리베이터에서 주목을 끌 수 있는 말'을 뜻한다) 방식은 미국 샐러리맨들에게 의사를 표현하는 독특한 훈련이었다. 엘리베이터에서 30초 혹은 45초 안에 회사 대표에게 프로젝트의 중심 아이디어를 소개하고 그와 만날 약속을 받아내는 방식이다. 먼저 약속을 받아내기 위해서 그가 관심을 가질 만한 요소를 부각시킨다. 정상적인 경로로 그와 만나지 못할 가능성이 클 경우, 이 방식은 더 유용하다. 적은 노력으로 큰 효과를 낼 수 있는 곳이 바로 '엘리베이터 안'이기 때문이다.

한편 1990년대에 등장한 '스피드 데이팅'(마음 맞는 상대를 찾기 위해 독신자들 간에 이루어지는 짧은 만남)에 이어 '스피드 네트워킹'이 탄생했다. 이것은 남녀 간의 짧은 데이트를 커뮤니케이션에 적용한 방식이다. 이는 채용 담당자들과 일자리를 찾는 간부급 구직자들이 몇 분 간격으로 만남을 연이어 갖는 것으로, 이 과정을 통해 사전 선별작업이 가능해지고 추후 채용 인터뷰로까지 이어진다. 이런 스피드 네트워킹 방식을 통해 구직자들과 채용 담당자들은 최소한의 시간으로 최대한 많은 사람을 만난다.

창업 박람회에서는 창업 지원자들과 투자자들 간의 짧은 만남이 주선된다. 만남 시간은 길어야 30분이다. 창업 지원자들은 짧은 시간에 그들의 사업계획에 관심 있는 투자자들을 설득해야 한다. 이런 짧은 만남은 취업 박람회에서도 흔히 볼 수 있다. 취업을 희망하는 사람은 많고 시간은 한정되어 있기 때문에 짧은 시간에 면접 프레젠테이션을 잘해야 취업의 기회를 얻을 수 있다.

또한 경영자들에게는 일명 '원 투 원'이라는 면담 방식이 있는데, 주요 주주나 자금관리자들을 마주 대하고 약 십여 분의 시간 안에 전략적인 결정을 소개하는 방식이다.

또 다른 예로 '스탠드 업 퀵 미팅stand up quick meeting'을 들 수 있다. 말 그대로 서서 하는 모임으로 통상 15분 안에 한 문제를 자세히 다루는데, 그 목적은 바로 효율성과 생산성 재고에 있다. 한편 '브라운 백 미팅'은 점심을 먹으면서 일정이 정해진 의제를 60분 안에 급히 다루는 방식으로, 식사 시간의 휴식을 중요하게 생각하는 사람들에게는 꽤 도발적인 방식이다.

2. 첫 번째 의도, '말하기'에 집중하라

당신의 미팅 목적이 단지 무언가를 표명하는 것이라면 처음에는 그런 유의 미팅이 단순해 보일 수 있다. 그러나 의외로 시간의 압박을 느끼기 때문에 제대로 말하지 못하는 경우가 허다하다. 이를 대비한 훈련은 매우 까다롭다.

더군다나 많은 다른 사람처럼 "말씀드릴 게 있는데요"라고 시작한 이상, 발언을 하면서 시간에 대한 압박감은 내비칠 수밖에 없다. 그런 압박감은 겉으로 드러나거나 혹은 드러나지 않으며, 또 적절히 드러나거나 혹은 그렇지 않을 수도 있다. 이처럼 '말하기'의 의도에 중점을 둘 경우, 세 가지를 기억해야 한다.

🔊 가장 효율적이면서 명료하게 정보를 전달하기

상대방은 시간이 별로 없다. 특히 엘리베이터 안에서 만난 상황이라면 더욱 그렇다. 이럴 경우, 긴 이야기보다 요점과 중요한 정보만을 몇 초 안에 전달해야 한다. 그리고 다음에 만날 수 있는 약속을 빨리 정하라.

🔊 의견과 주장을 명확하게 전달하기

프레젠테이션과 협상은 정보를 전달하는 것만이 끝이 아니다. 당신의 의도와 입장을 명확하게 전달해야 상대의 동의와 이해를 구하기 쉽고 설득력을 높일 수 있다.

🔊 정확한 근거와 설득력 있는 증언으로 동의 얻기

의견과 주장에는 정확한 근거가 필요하다. 정확한 근거가 없는 주장은 모래성이나 다름없다. 그렇지 않다면 어느 누구도 호응하지 않으며 시간을 당신에게 내주지 않는다. 이 점을 명심하라. 주장은 정확한 근거를 가지고, 그리고 설득력 있는 증언으로 무장해야 힘을 발휘한다.

대개 대화나 토론을 할 때 아주 짧은 시간 안에 무언가를 내놓으려고 애쓴다. 그러나 자신의 생각과 의견을 표현하면서, 서슴없이 발언하는 것이 중요하다. 본격적으로 시작하기 전에, 내용면에서나 형식면에서 발언을 어떻게 구성할지 미리 예상하고 그 짜임새를 머릿속에 담아둬라.

3. 두 번째 의도, '요청하기'에 집중하라

누군가에게 자신이 원하는 것을 요청한다는 것은 쉬운 일이 아니다. 특히, 서로의 입장과 상황이 다른 상태, 또는 서로의 이익이 얽혀 있는 경우에는 더욱 그렇다. 당신 또한 요청을 하지 못하는 부류이거나, 무언가를 요청하기 위해 어떻게 처신해야 할지 모르는 사람일지도 모른다. 때로 이런 장애를 '콤플렉스'라 말한다.

'콤플렉스'란 무엇인가? 일반적으로 콤플렉스는 열등감이나 죄책감을 말한다. 의사를 표현할 때 시간 부족으로 인한 두려움은 더욱더 콤플렉스를 부추긴다(대개 두려움을 느끼면 더욱더 콤플렉스가 심화될 수 있다). 정신분석학적인 의미에서 콤플렉스는 무의식 속에 연합된 감정·사고·기억의 복합체이며 아주 강한 내적 응집력을 갖고 있다.

억압된 콤플렉스는 그 자체로 자신의 온 생명력을 간직하고 있으며, 의식 세계에서 위장된 형태로 다시 나타날 수도 있고, 혹은 강박·극도의 공포·불안·의심 같은 여러 증세를 유발할 수도 있다. 이런 콤플렉스는 행동장애로 표현되는데, 누군가 당신에게 발언의 기회를 줄 때나 당신이 단지 무언가를 요청할 때, 방법을 못 찾고 허둥대는 경우가 그러한 예다. 그러나 자신에 대한 확고한 믿음을 갖고 의지를 굽히지 않으면 콤플렉스를 무력화시킬 수 있다.

프레젠테이션(혹은 협상)이나 설득의 과정에서도 마찬가지다. 일단 용기를 가진다면 누군가에게 무언가를 요청하는 행동이 그다지 어렵지 않다는 걸 깨달을 것이다. 의외로 무언가를 요청하는 행위는 간단하며, 대개 짧은 설명을 곁들여 '질문 형식'으로 표현한다.

그렇다고 '질문을 하는 것'이 평범하고 쉬운 것만은 아니다. 종종 질문은 잘못 제기해서, 그 질문을 조정해야만 하는 경우를 경험한다.

상대가 당신에게 "저는 당신의 질문을 이해하지 못하겠는데요"라고 말할 경우, 당신은 말뜻이 제대로 전달되지 않았다고 느낀다. 결과적으로 이해를 받지 못하거나 오해를 초래한다.

4. 세 번째 의도, '얻어내기'에 집중하라

말을 해서 무언가를 얻어낸다는 '설득'의 뜻에서 알 수 있듯, 우리는 결국 무언가를 얻어내려고 '설득'을 시도한다. 흔히 어떤 사람들이 "내가 그 일을 다시 해야 한다면, 나는 다르게 할 텐데……"라고 고백하는 말을 듣는다. 그것은 분명 기회를 놓쳤기 때문이며, 사람들은 이미 다른 방법을 떠올리고 있는 것이다.

사실 아주 짧은 시간 안에 동의를 구하는 일은 굉장히 어렵다. 당신은 그저 말하거나 요청하려고 애쓰는것에 그치지 않고 상대를 설득해 그의 동의를 얻어내길 희망한다. 물론 사전에 설득할 수 있는 여건을 미리 마련해둘 수도 있다. 하지만 때로 의외의 효과를 활용해 요구를 관철시킬 수도 있다.

그러므로 다음과 같은 두 가지 가능성에 대한 대비책을 생각하라.

🔊 단순히 약속날짜 동의를 얻어야 할 때

🔊 개인적인 이유로 이사회의 동의를 구하거나, 어떤 사안을 전면적으로 재검토하는 경우처럼, 위험 부담이 큰 일에서 무언가를 얻어야 할 때

설득의 여건이 충분히 마련되었기 때문에 호의적인 결정을 얻어낼 수 있다. 또한 당신이 의외의 효과를 만들어낼 줄 알았기 때문에 좋은 결실을 맺을 수도 있다. 쟁점은 상황에 따라 다르다.

그 모든 경우에 당신은 상대를 끌어들이게 된다. 대개 상대방은 어떤 식으로 말을 걸어오는지, 그 태도와 방식에 따라서 신속하게 결정을 내릴 것이다. 그러므로 상대에게 어떤 식으로 착수할 것이지 숙고해봐야 한다. 무엇보다 신속하게 상대가 결정을 내릴 수 있게 설득해야 한다.

말발 Upgrade

이 책에서 제시하는 훈련을 본격적으로 시작하기 전에 각각의 상황에 자신을 투사해보라. 그리고 다음 질문을 스스로에게 던져보라.

☐ '엘리베이터 피치' '스피드 네트워킹' '원 투 원' 중에서 당신은 어느 경우가 가장 편안한가? 어떤 이유 때문에 그러한가?

☐ '말하기' '요청하기' '얻어내기'와 같은 세 가지 의도가 상황에 따라 어떻게 적용하는가?

☐ '말하기' '요청하기' '얻어내기' 가운데 당신은 어떤 의도일 때 가장 편안한가?

'말하기' '요청하기' '얻어내기' 상황에 준비하라

이제부터 다음 상황에 처해 있다고 생각해보라.

부서의 책임자가 한 달 전에 당신에게 어떤 프로젝트를 맡겼다. 그 일은 회사 내 300명의 순회 영업 담당자들과 그들이 관여하는 30명의 대리점 대표들에게 정보를 제공해주는 내부 뉴스레터를 만드는 것이다. 그런데 당신에게는 두 가지 문제가 있다. 먼저 그 프로젝트가 1년 정도 연기될 것이라는 소문이 나돈다. 또 당신은 1차 예산산정을 통해 24개 호에 책정된 1,000만 원의 초기예산이 불충분하다는 사실을 알았다. 때마침 당신은 영업부장과의 짧은 면담을 얻어냈다. 당신은 가능한 한 최상의 조건에서 그 프로젝트를 다시 추진하기로 결심했다. 영업부장과의 면담에 앞서, 당신은 어떻게 준비할 것인가?

다음 칸에 당신이 생각하는 준비단계를 작성해보라.

자가진단의 결과를 알기 위해서는 45쪽을 참조하라.

신속한 커뮤니케이션 상황을 정리해보라

직장생활에서는 최소한의 시간 내에 효율적으로 일해야 한다. 그러므로 당신이 처한 상황을 면밀하게 정리해볼 필요가 있다. 아래 목록은 직장생활에서 신속하고 간결하게 발언해야 하는 사항을 제시했다.

– 기한 변경을 하기 전에 미리 전화하라

– 어떤 사안을 조정하기 위해 회의 시간에 명확하게 발언하라

– 향후 고객이 될 수 있는 사람에게서 만날 약속을 얻어내라

– 동료에게 지시사항을 전달하라

– 엘리베이터에서 누군가의 이목을 끌어라

– 어떤 지침을 소개하고 항상 체크하라

– 위임받은 일을 설명하고 항상 보고하라

– 어느 상황에서든 자신의 의견을 간략하면서도 명료하게 전달하라

– 전문가에게 용기 있게 질문하고 대안을 모색하라

– 청중 앞에서 간단히 종합하고 정리하라

– 임무과정은 상사에게 철저히 보고하라

– 잠재적인 파트너의 관심을 끌어라

– 프로젝트를 명확히 설명하고 설득하라

– 회의 시간에 문제를 제기하고 대안을 찾아라

– 책임자에게 위험 부담에 대해 경고하기를 두려워 마라

– 만난 사람과 그 사람과의 경험을 요약하고 메모하라

– 구체적인 사건을 이야기하고 근거 있는 정보를 제공하라

– 자신의 사례를 분석하여 설명하라

신속한 커뮤니케이션의
함정을 확인하라

당신은 아주 짧은 시간 안에 의사를 표현하는 일이 힘겨운 시도임을 확인했다. 말할 내용을 반드시 선별해야 하기 때문에 한편으로는 머리가 아파올 테고, 다른 한편으로는 압박감에 신경이 많이 쓰일 것이다. 신속한 커뮤니케이션에는 수많은 함정이 생기기 마련이다. 이런 함정을 확인함으로써 더욱 잘 대비하고 걱정을 줄여, 저지를 수 있는 반복적인 실수를 확실히 피해야 한다.

1. 먼저 스트레스를 주는 요소를 파악하라

사람들 앞에서 의견을 말하는 일은 쉽지 않다. 심지어 어떠한 목적을 두고 상대방을 설득해야 할 경우에는 은근히 스트레스가 쌓이기 마련이다. 과연 생각하고 의도한 내용을 모두, 그것도 제대로 전달할 수 있을지 두려움이 앞설 것이다. 더 나아가, 상대방이 당신의 말을 제대로 파악하고 이해하는지, 만약에 상대방이 전혀 반응을 보이지 않을 때는 어떻게 할지 등 염려되는 부분이 한두 가지가 아니다. 특히 당신의 말을 들어주는 상대나 청중 앞에서 모든 것이 빠르게 진행될 때, 당신은 다음 세 가지 요인 때문에 더욱더 힘을 잃는다.

🔊 압박감이 지나치게 클 경우

보통 결과만을 지나치게 생각해 말하거나 요청하고 싶은 사항을 충분히 생각하지 않는다. 게다가 두려움을 극복하기가 쉽지 않을 것이라고 생각하며, 미리 자신의 발언이 성공하지 못할 것이라고 느낀다. 그리고 사안을 확대시키고 부딪칠 수 있는 반감의 성격을 부풀리면서 스스로 압박감을 자초한다.

🔊 안정감을 느끼지 못할 경우

프레젠테이션을 할 때, 당신은 문득문득 생각한 대로 일이 진행되지 않는다는 걸 느낀다. 그러면 준비하고 짜놓은 발언의 구성과 설득의 요지를 놓쳐버리고 만다. 이를테면 미리 준비한 발언 내용을 임의대로 변경하는 것이다. 이렇게 되면 실제로 당신의 불안감과 불편함은 가중되기만 할 뿐이다.

🔊 목표가 빗나갈 경우

당신은 프레젠테이션이나 미팅을 하면서도 결과가 생각한 목표와 맞아떨어지지 않을까 봐 조바심을 느낀다. 이럴 경우, 그럴싸한 이유를 찾아내 요구를 연기하고 다음번 기회에 기대를 걸면서 무의식적으로 자신을 합리화한다. 그리고 결과에 집착한 나머지 스트레스를 받아 프레젠테이션과 미팅을 제대로 수행하지 못할 것이다. 이럴 때는 마음의 여유를 갖고 목표와 결과에 지나치게 연연하지 마라. 항상 좋은 결과를 기대하기란 어렵다.

2. 다섯 가지 함정을 피하라

대화를 하다보면 상대방의 속마음이 궁금해진다. 대체 내가 제대로 상대방을 설득하고 있는지 스스로를 의심하기도 한다. 정보와 의견을 나름대로 명확하게 전달했다고 생각하지만, 상대방의 표정에서 자신의 말이 제대로 받아들여지고 있는지 쉽게 간파할 수 없는 경우가 많다. 특히 무뚝뚝한 상대와 만났을 때는 대화와 설득의 어려움에 심리적인 위축감마저 느낀다. 그러나 당신은 신속하게 상대를 설득해야 한다. 이런 경우에 여러 함정에 빠질 수 있다. 당신이 느낄 수 있는 장애는 어쩌면 이미 마주쳤을지도 모른다. 그러나 이 함정을 이해하는 것은 신속한 프레젠테이션을 성공적으로 이끄는 데 꼭 필요한 일이다.

1. 발언의 주제가 빗나가지 않게 주의하라

특별히 대화 중간의 침묵을 두려워할 경우, 가장 흔한 함정은 말을 제어하지 못하고 아무렇게나 당신의 생각을 전부 다 얘기하는 것이다. 요청할 사안을 제대로 다루지도 못했는데 이미 시간은 지나가버리고 만다. 결국 목표에 도달하지도 못하고 실패했다고 느낄 것이다. 그러므로 발언의 주제를 미리미리 정리하고 메모하는 습관을 길러라. 일반적으로 발언의 내용보다 주제를 더 오래 기억한다.

2. 흥분한 모습을 절대 보이지 마라

우리는 어떤 지적이나 반대, 비판 같은 일말의 난관에 부딪혀 화를 내는 모습을 종종 발견한다. 그리고 장애물을 만나면 지금 여기에서 말하려는 내용을 전부 다 말하지 못할 것이라고 생각한다. 그러면 조바심과 불안감만 더 가중될 뿐이다. 더더욱 마음이 다급해져 자신의 의견을 표현할 수 없다고 느낌과 동시에 흥분하게 된다. 하지만 상대방에게 흥분한 모습을 드러내는 것은 누군가를 설득할 때 부정적인 영향을 미친다.

3. 발언 분량과 시간을 적절하게 배분하라

당신이 시간을 제대로 산정하지 못했다면, 분명 요점을 상당히 벗어난 지점에서 발언을 시작할 것이다. 결국 추론이 장황하게 이어지고 정작 본론도 꺼내기 전에 시간은 종료되고 만다. 항상 발언 분량을 주어진 시간에 맞게 조절하고 배분하라. 그렇지 않으면, 언제나 핵심을 말하지 못했다고 투덜대는 무능력한 푸념쟁이가 될 뿐이다.

4. 강한 인상을 줘라

사람을 만날 때, 가장 중요한 것은 바로 인상, 특히 첫인상이다. 프레젠테이션에서 강한 인상을 주는 것은 성공을 향한 주요한 열쇠가 된다. 만약 침착성을 잃고 머뭇거린다면, 상대방은 당신을 신뢰하지 못하고 당신은 상대를 설득할 수 없다. 사실 간결하게 발언할 경우, 어느 정도 침착한 태도를 보여야 하며, 특히 어려운 자리에서는 더욱 냉정하게 임해야 한다. 무엇보다 자신감을 갖고 당당히 주장하고 요청해야 한다.

5. 적절한 선을 항상 유지하라

프레젠테이션이나 협상을 할 경우, 생각했던 것보다 상대방이 호의적인 반응을 보일 때가 있다. 그러나 아무리 호의적이라도 당신의 말 한 마디, 몸짓 하나가 상대방에게 완전히 노출된다는 점을 잊어서는 안 된다. 지나치게 상대의 주목을 끌려고 노력하거나 지나치게 무언가를 과도하게 보여주려고 애쓴다면, 적정 선을 넘게 된다. 감정이 너무 지나치게 드러나면 메시지가 제대로 전달되지 않을 수도 있다. 이렇듯 당신이 '정도'를 넘어버리면 오히려 상대나 청중은 거북함을 느낀다.

당신의 시간 개념은 어떠한가?

여러 사람들 앞에서 성공적인 발언을 하기 위해서는 간결하게 말하는 법을 배워야 한다. 이 문제는 시간 개념과 연관되어 있다. 당신의 상황과 흡사한 항목에 표시를 하고 시간 개념을 종합적으로 검토해보라.

	체크리스트	예	아니오	가끔
1	주어진 발언 시간을 준수한다.			
2	말을 전하는 데 언제나 시간이 부족하다.			
3	사람들이 자기 생각을 표현하는 데 지나치게 많은 시간이 걸린다고 생각한다.			
4	몇 분 이내에 누군가를 설득하는 것은 불가능하다고 생각한다.			
5	예정했던 것보다 언제나 더 짧게 말한다.			
6	요점만 간단히 말하는 사람을 좋아하지 않는다.			
7	말이 많은 사람들을 참지 못한다.			
8	사람들이 너무 장황하게 말을 한다고 느낀다.			
9	짧게 말하면 생각이 왜곡된다고 여긴다.			
10	시간을 갖고 여유 있게 생각을 표현하기를 좋아한다.			
11	누군가에게 요점만 말하도록 강요하는 것은 그를 정중히 대하지 않는 것이다.			
12	곧장 본론으로 들어가길 아주 좋아한다.			
13	감각적으로 간결하면서도 강렬한 표현을 구사하는 사람들을 열렬히 좋아한다.			
14	간결하게 요점을 말하는 것은 다른 사람들의 시간을 존중해주는 것이라고 생각한다.			
15	당신에게 주어진 발언 시간이 어느 정도인지 알고 싶어한다.			

자가진단의 결과를 알기 위해서는 46쪽을 참조하라.

어느 정도의 걱정은 흔쾌히 받아들여라

너무 근심한 나머지, 감정의 혼란을 겪으며 안심이 되지 않을 때가 있다. 걱정을 하는 사람들은 실체가 불확실한 위험 앞에서 무력해지는 자신을 느끼며 두려워하는데, 그래도 그들은 그 상황에 대해 이성적으로 생각할 수 있다. 걱정을 한다고 해서 불안감에 휩싸여 이성적인 판단이 불가능해지는 것은 아니다. 극도의 불안감으로 공포심에 사로잡히면 오히려 화를 자초할 수도 있다.

프로젝트를 소개하거나 요청하기 위해 다른 사람 앞에서 당신의 생각을 표현해야 할 때, 어느 정도 걱정을 느끼는 것은 정상이다. 신속하게 처리해야 할 경우 만회할 수 있는 가능성을 찾기 힘들기 때문에 두려운 감정이 생기는 것이다. 이런 불편한 심리 상태가 때로 얼굴이 붉어지고 오한이 들고, 몸이 떨리고 경련을 일으키는 등 좋지 않은 신체증상을 일으키기도 한다. 오늘은 당신에게 단 한 번의 기회가 주어지지만, 앞으로 얼마든지 또 다른 기회가 찾아올 것이라고 낙관적으로 생각하면 불편한 심리상태를 줄일 수 있다.

통찰력을 키워라

만약에 함정에 빠질 경우, 내면의 변화를 찬찬히 확인해보라. 세심하게 예의주시하라. 당신이 빠지는 함정은 대개 반복되므로 그 함정을 식별하는 법을 배워라. 그와 같은 기본 조건을 토대로 한다면 언젠가 그 함정을 뛰어넘을 수 있다. 고장난 모터를 수리하려면 우선 어떤 고장인지 밝혀내야 한다. 그 다음 해결책을 찾는 것은 기술과 인내심의 문제다. 어떤 발언을 했을 때 당신이 실패했다고 느낀다면, 시간을 갖고 실제 사례가 어떠했는지 찬찬히 잘 확인해보라.

시간이 촉박할 때의 스트레스를 점검하라

확실히 당신은 촉박한 상황과 스트레스를 긴밀하게 연관짓고 있다. 사실, 오늘날엔 촉박한 상황에 극도로 취약한 사람들이나, 제대로 준비가 안 된 사람들에게 촉박한 시간은 강박감으로 작용한다. 이제 시간 관리는 하나의 선별기준이 되었다. 짧은 시간 안에 어려운 일을 해결할 수 있는 능력이 전문성과 함께 인정받는 것이다.

이제 촉박한 상황에 대처하는 방식을 숙지하고, 촉박한 상황에서 파생되는 징후를 분석하면서 스트레스를 극복하는 법부터 익혀보자.

1. 두려움을 버려라

촉박한 상황을 부정적으로 인식한다면 두려움을 느낄 것이다. 그럴 경우, 아주 짧은 시간 내에 말할 내용을 진정으로 다 표현할 수가 없다. 그러면 당신의 발언은 불완전하고 부정확하고 피상적이 되어 만족스럽지 않을 것이다.

확실히 우리는 완벽주의자가 되려는 경향이 있다. 그런 당신에게 시간을 제약한다면, 그런 상황에 낙심하고, 한편으로 좌절감을 느낄 것이다.

그렇지만 이렇게 자문해보라. 당신은 책 뒤표지에 있는 10줄짜리 요약글과 책 전체에서 동일한 혜택을 기대하는가? 물론, 아니다! 책 전체 내용은 심층적으로 파고드는 반면, 책 뒤표지의 요약들은 종합적이다.

책 뒤표지의 글이 길다고 좋은 책이 아니다. 뒤표지의 성격에 맞게 전하고자 하는 내용을 잘 담아내는 것이 무엇보다 중요하다. 메시지를 틀에 맞추어 규모 있게 잘 전달할 수 있으면 좌절감은 극복할 수 있다. 이 점은 신속한 커뮤니케이션에서 더 두드러진다.

주어진 시간에 메시지의 내용을 맞춰갈수록, 목표에 도달한다는 사실을 확인할 수 있을 것이다. 이런 흥미진진한 게임을 서둘러 실행에 옮겨보고 싶지 않은가!

2. 조급해하지 마라

안절부절못하면서 마음의 동요를 보인다면 당신은 신속함과 조급함을 혼동하고 있다. 말을 짧게 하라고 재촉받을 때, 대개 더 빨리 하면서 모든 것을 다 말하려고 한다. 그러면 결과적으로 여러 아이디어가 겹쳐 흐름을 놓치게 된다. 결국 당신은 조급해지고 청중은 짜증이 나고 인내심을 잃는다.

틀림없이 당신은 아직 간결하게 하는 것과 신속하게 하는 것의 차이를 완전히 확신하지 못한 상태다. 간결하게 하는 것이 반드시 신속하게 하는 것만은 아니다. 메시지를 가장 파격적으로 전할 논거를 확실히 선택했다면 서두를 필요가 없다.

3. 간결한 말이 내용의 핵심이 된다

당신은 간략한 발표가 필연적으로 내용을 단순화시킬 수밖에 없고, 또한 단순화하는 과정에서 내용이 변질된다고 생각할지도 모른다. 그런 당신이 신속하게 설명할 경우는 오로지 기꺼이 단순화하거나 과장할 때, 나아가 도식적인 방법을 용인할 때만 가능하다.

그러나 당신은 현실을 왜곡할까 봐 두려울 것이다. 간결하게 표현된 관점은 정확할 수 없다고 생각하고 심지어 몇 마디 되지 않는 말로 어떤 사안을 이야기하는 것이 당신에게는 정직해 보이지 않을지도 모른다.

그러나 간결하게 말하는 것이 아무것도 말하지 않는 것보다, 장황한 설명으로 상대가 논점을 정확하게 이해하지 못하는 것보다 더 건설적이다. 그렇게 함으로써 당신의 아이디어를 전달할 수 있고, 프레젠테이션(협상)을 유도해 프레젠테이션(협상)에 활기를 불어넣을 수 있다. 그러다 보면 추후 적절한 순간에 논의를 진전시킬 기회가 온다.

발언을 해야 할 경우, 어떻게 하는가?

당신에게는 발언을 할 경우가 생길 것이다. 아래의 체크리스트에 경험과 흡사한 상황에 표시를 하고, 사람들 앞에서 발언을 하는 상황을 정리해보자. 말을 신속하게 해야 할 때, 과연 어떻게 할 것인가?

	체 크 리 스 트	예	아니오	때때로
1	당신이 신속하게 말하지 못할 것이라는 사실을 알고 있다.			
2	말할 내용의 흐름을 놓친다.			
3	쉽게 화를 낸다.			
4	의도적으로 주제를 바꾼다.			
5	머뭇거린다.			
6	지나치게 잘 하길 원한다.			
7	항상 말할 내용이 지나치게 많다.			
8	혼자 계속 말을 이어간다.			
9	자가당착에 빠진다.			
10	지나치게 많은 내용을 입증하려고 한다.			
11	당신의 발언이 유용하지 않다고 생각한다.			
12	당신의 발언을 다른 기회로 연기하기로 결심한다.			
13	마지막 순간을 기다린다.			
14	어떤 위기상황을 겪게 될지 자문해본다.			
15	현기증을 느낀다.			

자가진단의 결과를 알기 위해서는 47쪽을 참조하라.

사람들에게서 배워라

신속한 발언이 최상의 발언과 거리가 멀다고 생각해왔다면, 이제부터는 누군가 당신 앞에서 간결하게 의사 표현을 할 때 더 주의를 기울여라. 당신은 당신이 키워온 부정적인 믿음이 설령 근거가 있다 해도 허술하다는 사실을 알게 될 것이다. 이렇듯 일반론에 치우친 편견에서 벗어난다면 당신은 아마도 뛰어난 발언을 더욱 잘 받아들일 것이다. 또한 그런 발언을 해독해내는 법을 익혀 최고의 교훈을 얻을 것이다.

핵심을
짚어 말하라

　업무 미팅이나 협상 테이블에서 지나치게 긴 시간을 할애해 의견을 전달하려고 애쓰는 사람을 많이 본다. 그런 사람들은 말을 많이 할수록 상대방이 자신에게 압도당한다고 착각한다. 그러나 이 스타일은 매우 위험하다. 다른 한편으로, 어떤 사람은 의무적으로 자신의 견해를 무조건 간결하게 말해야 한다고 생각하는데 이것 또한 올바르지 않다.

　간결하게 말하는 것, 핵심을 짚어 말하는 것이 상대방에 대한 존중이자 정중한 예의다. 요즘 핵심을 짚을 줄 아는 능력이 강점이 되는 추세이나 이 능력은 흔치 않은 능력이다. 그래서 오늘날 적시에 핵심을 짚어 말할 줄 아는 사람들은 확연히 두드러진다.

1. 업무 적합성을 높이기 위해 간결하게 말하라

간결하게 핵심을 짚어 말하려면, 다양한 상황과 맥락에 부합하기 위해 발언은 보다 더 짧아야 한다. 그래서 어떤 경우에서든 당신의 업무 적합성을 보여줘야 한다.

📢 회의 시간의 경우

모든 사람들이 적극적으로 자신의 의견을 말할 때 회의는 건설적이다. 보다 간결하게 발언하고 다른 사람들도 그렇게 하도록 유도한다면 회의는 더 생산적이고 창의적인 시간이 될 것이다.

📢 면담의 경우

보통 면담을 할 때, 가장 큰 제약은 시간의 부족이다. 고객을 만나든, 사장과 면담을 하든 시간 부족으로 인해 당신의 의도가 제대로 전달되지 못하는 경우가 많다. 그런 만큼 면담 시간을 줄이기 위해, 그리고 대개는 아무 소득 없는, 두서없는 대화를 방지하기 위해서는 내용의 핵심을 짚어주는 것이 바람직하다.

📢 전화의 경우

누구나 직장생활에서 업무의 효율성을 높이려고 애쓴다. 전화는 짧은 시간 내에 효율성을 높일 수 있는 아주 유효한 수단이다. 그러므로 전화상으로 핵심을 전달함으로써 더욱 유효적절하게 업무를 수행해 나갈 수 있다. 이럴 경우, 당신은 곧장 본론으로 들어가야 한다는 사실을 명심해야 한다.

2. 말의 영향력을 높이기 위해 간결하게 말하라

"재미있었지만 너무 길었어요"

청중 가운데 어떤 이들은 곧잘 이렇게 말한다. 그러나 좋은 발언에는 대개 간결성과 적합성이 조화롭게 이루어져 있다. 그 경우, 참석자들은 "그는 필요한 것을 꼭 짚어 말했어요. 완벽했어요!"라고 말한다. 다른 사람들에게서 시간을 빼앗는 것, 지나치게 길게 논하는 것, 마이크를 독점하는 것, 발언권을 놓지 않는 것, 말을 너무 많이 하는 등의 태도는 확실히 당신이 영향력을 발휘할 수 있는 가능성에 해가 된다. 경청율은 떨어지고 청중은 단념해버리거나 짜증을 낸다. 더 간결하게 말해야 한다는 사실을 이해하지 못한다면 그 피해는 결국 당신에게 돌아온다.

3. 전문성을 높이기 위해 간결하게 말하라

발언의 핵심으로 들어가기 위해서는 내용의 주제를 제어해야 하

말발 Upgrade

간결한 발언을 구상하는 4가지 단계

1단계 무수히 떠오르는 생각
당신이 말하고자 하는 것

2단계 논리에 의거한 생각
당신이 선별하고 분류한 것

3단계 체계적으로 구성한 생각
당신의 논제와 발언 상황에 가장 적절한 짜임새에 맞게 구성할 것

4단계 이제 당당하게 발언할 것

고, 특히 발언을 들을 대상이 어떤 사람들인가를 생각하면서 준비해야 한다. 짧은 시간 안에 핵심적인 내용을 압축해 멋지게 발언함으로써 당신이 능숙하다는 사실과 그 발언 기회를 성공적으로 이끌기 위해 전심전력을 기울였다는 사실을 입증할 수 있다. 핵심으로 다가갈 수 있는 능력에는 종합적인 사고력이 요구된다. 그런 능력을 갖기 위해서 당신은 다음과 같은 작업을 해야 한다.

- 먼저 내용의 체계를 구축해야 한다.
- 내용을 선별해야 한다.
- 청중의 이해를 돕기 위해 예를 들어 증명해야 한다.

- 내용을 다듬어야 한다.
- 현란한 말과 어투보다 알기 쉬운 단어와 정확한 표현을 찾아내
  야 한다.

이런 도전을 기꺼이 받아들인다면 당신은 신속성에 대한 필요성을 강점으로 바꿀 수 있다. 프레젠테이션의 기술은 꾸준한 훈련을 통해서 향상된다.

간결하게 말할 수 있는 당신의 능력을 평가하라

다음과 같은 상황에 처해 있다고 생각하라.

당신이 회의 시간에 어떤 프로젝트를 지지할 예정이라고 상상해보라. 프로젝트의 일례로, 당신이 속한 사업부의 전체 협력 직원들(엔지니어, 기술자, 비서)을 대상으로 창의성 교육 프로그램을 마련해야 한다면? 사실 당신은 작업방식이 습관, 타성, 그리고 혁신 부족으로 특징지어진다는 사실을 알았고, 어떤 사람들은 스스로 창의성 교육이 불가능하다고 생각한다는 것을 알았다. 이제 당신에게는 설득할 시간이 몇 분밖에 남지 않았다.

당신은 당신의 발언을 어떻게 만들어갈 것이며, 특히 아이디어와 논거를 어떻게 선별할 것인가?

당신의 계획안과 아이디어, 논거목록을 소개해보라.

자가진단의 결과를 알기 위해서는 48쪽을 참조하라.

유명한 인용문을 숙지하라

전격적으로 신속하게 사고하는 법을 훈련하고 싶다면 인용문 모음집이나 사전을 훑어보는 습관을 들여라. 당신은 인용문의 깊이가 제각각이라는 사실을 발견할 것이다. 그렇지만 당신은 몇 마디 단어로 강력한 생각을 응축하는 인용문에 민감한 반응을 보일 것이다.

수첩을 집어 들고 점차적으로 자신의 아이디어를 다듬는 법을 배워가면서 직접 그 생각을 기록해보라. 아주 유용한 수련과정을 토대로 간결하고 적절하게 자신의 의사를 표현하고 싶어하는 연사에게 유익한 사고력 훈련이 될 것이다. 강력한 힘을 갖는 문장으로 토론이 더 부각되며, 그런 문장을 통해 요점을 분명히 가리킬 수 있다.

부족한 시간을 강점으로 만들어라

주어진 시간이 짧다면 당신은 말할 내용을 선별해야 한다. 당신은 불필요한 부분을 제거하고 선택하면서 선별작업을 한다. 신속하게 해야 하는 필요성을 제약이 아니라 강점으로 생각하라.

그런 필요성으로 인해 당신은,

- 더 나은 모습으로 발전하게 된다.
- 언어와 아이디어를 더 잘 다루게 된다.
- 선택을 하고 우선순위를 설정하게 된다.
- 정확한 표현, 핵심을 찌르는 논거, 어떤 사안을 환기시키는 수치, 당신의 논제를 잘 보여주는 예시나 사실을 찾는 과정에서 자신의 한계를 물리치게 된다.

결국 주어진 시간을 더 짧게 하면서 핵심만을 남겨두는 훈련을 할 수 있다. 그 핵심이야말로 의미가 있고 무엇보다 청중이나 상대가 꼭 기억해주길 바라는 것이다. 핵심으로 다가가는 훈련은 사고력 향상에 좋다. 가장 위대한 지성은 섬광을 발하듯, 익히 전격적으로 사유하는 사람들임을 기억하라. 한 문장으로 그들은 당신에게 강렬한 메시지를 전하고, 그 메시지는 당신에게 생각할 거리를 제공해준다는 것을 잊지 말자.

생각을 종합해 잘 요약해내기 위해서는 여러 장애물을 넘어야 하지만, '간결하게 하기'가 꼭 제약이 되는 것만은 아니다.

❶ 직장생활에서 신속한 커뮤니케이션이 차지하는 위상을 받아들여라

오늘날은 핵심을 짚어나가야 하는 발언 상황이 점점 더 많아진다.

❷ 발언을 할 때, 당신의 의도를 명확히 규명하라

'말하기' '요청하기' 그리고 '얻어내기'는 명료하고 신속하게 의사소통할 수 있는 능력의 지표가 된다.

❸ 촉박한 상황의 압박감에 결부된 함정과 징후를 확인하기 위해서 통찰력을 갖고 앞으로 나아가라

자가진단을 할 줄 알고 향후 예상되는 반복적인 패배의 시나리오를 분명히 조명할 수 있으면 한결 유리하게 앞서갈 수 있다.

❹ 시간 제약을 강점으로 바꿔라

간결하게 말하면 자신의 사고를 향상시키고 종합적인 사고력을 개발할 수 있으며, 강렬한 표현과 정확한 단어를 찾을 수 있다.

PART 01
section
01

'말하기' '요청하기' '얻어내기' 상황에 준비하라

제대로 준비할 수 있도록 우선 신중하게 조사를 해서 소문의 출처와 정당한 근거 그리고 분명한 의미를 잘 알아보라. 다음에는 예산문제를 철저히 규명하라. 당신은 왜 예산이 부족한지 말할 수 있어야 하며, 희망하는 예산금액을 뒷받침하는 논거를 제시할 수 있어야 한다. 이 작업이 이루어지면 당신은 적절한 준비단계를 밟아나갈 수 있다. 준비절차를 밟기 위해서 당신의 논거와 설명사항들을 선별하라 (그 내용들을 적어라). 그 사항들을 다시 읽으면서 숙지해두어라. 그러고 나서 당신이 제시하는 논증에 대해 짧은 시나리오를 적어보라. 한 발물러나 상대의 입장에서 생각해보고 상대를 고려해 당신의 논거를 조정하라. 끝으로 구상한 안을 마무리 지어라.

당신의 시간 개념은 어떠한가?

만일 당신이 1 - 3 - 5 - 7 - 8 - 12 - 13 - 14 - 15 문항에 대부분 예라고 답했다면 당신은 정말 간결한 발언을 좋아하는 사람이다. 신속하게 핵심에 다가가는 것은 장점이고, 모두 그러한 역량을 공유해야 할 것이다.

반대로 만일 당신이 2 - 4 - 6 - 9 - 10 - 11 문항에 대부분 예라고 답했다면 당신은 시간의 압박을 잘 견디지 못한다. 훈련을 해가면서 의무적으로 애써 간결하게 발언하다 보면 생각을 정리할 수 있고, 더 정확하고 엄정하게 말하게 된다는 사실을 발견할 것이다.

발언을 해야 할 경우, 어떻게 하는가?

만일 당신이 대부분 '예'라고 답했다면 발언해야 할 때 분명 불편할 것이다. 그리고 신속하게 핵심을 말해야 하는 상황으로 인해, 틀림없이 더욱 심하게 불편함을 느낄 것이다.

만일 당신이 '때때로' 란에 5~10개의 표시를 했다면, 이런 유의 시도가 당신의 허를 찌를 수 있다.

10개 이상 '아니오'라고 답했다면 당신은 심리적으로 직접 부딪쳐 볼 준비가 되어 있다. 한 걸음 더 앞으로 나아가면서, 당신은 당신이 하는 발언이 어떻게 향상되는지 발견할 것이다. 그러나 당신 자신을 과대평가하지 않도록 유의해야 한다.

간결하게 말할 수 있는 당신의 능력을 평가하라

설득하기 위해서는 Section 3에서 언급한 전체 준비단계를 준수하라. 당신이 설득하길 원한다면 청중을 비난하면서 그들에게 죄책감을 덮어씌우지 마라. 반대로 창의성 교육의 이점을 모두 정리해보라(다른 각도에서 상황을 이해하기, 작업에 더 많은 재미를 주기, 차별화되기). 그리고 작업을 하면서 그들이 얻을 수 있는 이득을 구체적으로 보여줘라(시간을 벌기, 즐거움을 느끼기, 판에 박힌 과정에서 벗어나기, 고객을 깜짝 놀라게 하기).

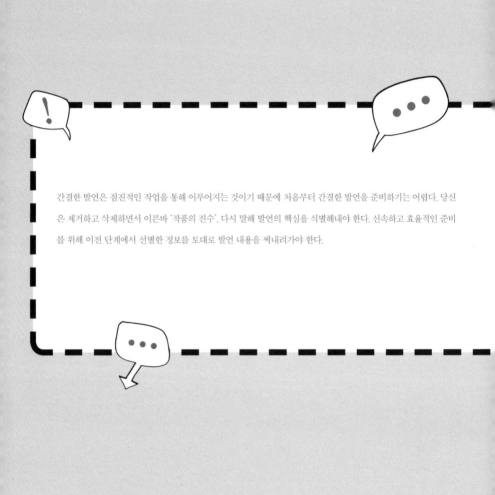

간결한 발언은 점진적인 작업을 통해 이루어지는 것이기 때문에 처음부터 간결한 발언을 준비하기는 어렵다. 당신은 제거하고 삭제하면서 이른바 '작품의 진수', 다시 말해 발언의 핵심을 식별해내야 한다. 신속하고 효율적인 준비를 위해 이전 단계에서 선별한 정보를 토대로 발언 내용을 써내려가야 한다.

말발의 귀재는
준비작업이 철저하다

?

아이디어를
선별하라

간결한 발언의 중요성은 이미 앞 장에서 밝혔다. 간결한 발언의 효율적인 전달이 성공하는 프레젠테이션의 지름길이다. 때문에 발언의 주제와 내용은 명확하고 분명해야 한다. 또한 짧은 시간 내에 상대방에게 전달해야 하기 때문에 발언이 간결할수록 더욱 철저하게 준비해야 한다.

너무 완벽함을 강요한다고 불평하지 마라. 무슨 말이냐면 연사에게 재능이 있다면 그것은 그가 남몰래 많이 연구했기 때문에 그런 것이다. 유명한 강사와 발표자가 명성을 얻은 데는 다 그만한 이유가 있다. 다만 순진한 낙관주의에 매몰되지만 말라. "난 단지 사장에게 몇 마디 전할 말이 있는데, 그렇고 그렇게 되겠지……" 사장 앞에서 원했던 만큼 적절하게 당신의 의사를 전달하지 못했다는 사실을 새롭게 깨달을 것이다. 일반적으로 체계적인 방법과 경험을 통해 일을 잘 준비해 나갈 수 있는 법이다. 특히 신속한 커뮤니케이션을 준비할 경우, 그와 같은 방식이 유효적절하다.

1. 여러 가지 아이디어를 만들어라

중요한 발표를 앞두고 있다면 당신은 무엇부터 해야 할지 난감할 것이다. 그럴 경우 아래 세 단계를 통해 발언 당일에 대비하라.

🔊 발표 내용을 미리 떠올려보라

발언 며칠 전부터 20분의 시간을 내어 머릿속에 떠오르는 모든 아이디어와 논거를 자유롭게 찾아보는 것이 좋다. 프레젠테이션의 성패는 얼마나 잘 준비하느냐에 달려 있다. 발언을 하기 전에 자유롭게 생각과 프레젠테이션 내용을 다듬어보는 것이 중요하다. 이렇게 하면 지나치게 압박감을 느끼지 않고 보다 순조롭게 발언할 수 있다. 조급하게 서두르는 상황에서는 좋지 않은 단 하나의 해결책만을 생각할 수 있을 뿐인데, 여유가 있으면 다양한 각도에서 편안하게 여러 문제에 접근할 수 있다.

심층적으로 숙고하라

폭넓은 사고를 위해 다음과 같은 개방형 질문을 제기하면서 심층적으로 숙고해보라. '무엇을? 누가? 어디서? 언제? 어떻게? 왜? 얼마나? 그것은 무엇인가? 어떤 방식으로? 어떤 태도로? 어떤 수단으로?' 와 같은 질문을 던져보라. 이를 통해 제기될 수 있는 이견을 고려해볼 수 있을 것이다.

항상 미리미리 메모하고 정리하라

지나치게 형식에 구애받지 말고 모든 아이디어를 글로 적어보라. 어떤 내용을 먼저 할 것인지 순서를 정해보고, 내용의 요점을 정리해서 눈에 띄게 하라. 또한 이 목록을 소중하게 간직하라. 다른 아이디어가 떠오르면 바로 그 목록에 새로운 아이디어를 추가하는 것도 잊지 마라.

2. 아이디어를 선별하라

커뮤니케이션이 간결하면 간결할수록 아이디어 선별단계는 더 결정적일 수 있다. 모든 것을 말할 수 없고 하물며 모든 것을 다 개진할 수 없는 이상, 반드시 사전에 선별작업을 해야 한다.

🔊 아이디어와 논거목록을 다시 점검하고 다시 한 번 읽어라

아이디어와 논거를 평가하고 그 각각의 경우에 대해 가능한 한 가장 좋은 표현형식을 찾아라. 그리고 다시 읽어보라. 그러면 어딘가 수정하거나 보완해야 할 부분이 드러날 것이다. 이런 과정을 세 번만 반복하면 구상안의 완성도가 높아진다.

🔊 목록을 비교하라

그 목록을 이용해 비교해보라. 근접한 아이디어를 한데 모으고 서로 모순되는 아이디어에 표시를 하라. 각 아이디어의 찬반양론을 비교 검토해보라. 이런 과정은 아이디어의 객관성과 설득력을 보강할 수 있다.

🔊 우선순위에 따라 아이디어를 정리하라

당신이 우선적으로 생각하는 논거부터 시작하라. 그 논거가 바로 당신에게 가장 정확하고, 명료하고, 적합해 보이는 것이다. 이것이 정리되면 발표 과정에서 우왕좌왕하지 않는다.

🔊 목록에서 설득력의 정도에 따라 논거를 분류하라

이를 위해 반론을 머릿속으로 그리면서 자문해보라. 만약 당신이 어떤 논거에 대해 특별한 반론을 찾아내지 못한다면 그 논거는 설득력이 있다. 이 경우, 당신은 어떤 사실(수치와 증거)를 가지고 그 논거를 뒷받침할 수 있다.

🔊 새로운 아이디어가 없는지 재검토하라

설득력 있는 논거와 설득력이 약한 논거의 목록이 만들어졌다고 작업이 끝났다 생각하지 마라. 선별작업이나 책정된 우선순위가 확정적인 것이라고 생각하지도 마라. 비록 1차 선정작업을 재검토하게 되더라도 새로운 아이디어는 무엇이든 기탄없이 고려하라. 완벽한 시나리오가 아니다. 완성된 시나리오가 준비되어 있을 뿐이다. 완성에는 언제나 수정이라는 복병이 기다리고 있다.

🔊 준비를 하는 동안 일체의 흥분 상태를 극복해나가라

남몰래 뒤에서 준비작업을 하는 동안 최상의 심사숙고가 가능하도록 당신의 모든 가능성을 쏟아 부어라. 늘 유연성을 유지하라. 프레젠테이션 도중에 간혹 상대방의 의중이나 반론이 허를 찌르는 경우가 있다. 완벽하게 준비했다고 하지만 빈틈은 있기 마련이다. 이럴 경우 더욱 느긋해져야 한다. 감정의 흥분 상태는 오히려 프레젠테이션을 그르치게 한다.

3. 아이디어를 숙지하라

일단 선별작업을 하고 나면 발언 당일 당황하지 않도록 아이디어를 숙지해야만 한다. 좀 더 부연설명을 하자.

🔊 말할 내용(주요 아이디어, 논거, 일화, 수치 등)에 익숙해져야 한다

- 적은 메모를 여러 번 다시 읽어라.
- 계속 기억을 환기시켜라. 그리고 제시된 논증을 조용히 혹은 큰 소리로 되풀이해보라. 이것을 반복하면 할수록 당신은 더 편안하게 다양한 논거를 다루게 될 것이다.
- 여러 논거가 물 흐르듯이 자연스럽게 연계될 때까지, 그리고 당신이 완전히 편안한 마음이 들 때까지, 하루에 짬짬이 계속해서 설득력 있는 논거들을 환기하라.

🔊 사안에 대해 잘 알고 있거나 그렇지 않은 사람들을 대상으로 당신의 논거를 시험해보라

미리 청중과 근접한 사람들, 혹은 당신의 논거를 다듬는 데 유용한 비판을 해줄 수 있는 사람들을 찾아라. 그렇게 해서 당신은 우선 당신이 하는 말의 영향력을 가늠해볼 수 있고, 발언 내용을 보다 더 잘 조정할 수 있다.

차분히 이런 준비훈련을 하기 위해서 쟁점에 크게 연연하지 마라.

준비작업을 통해 당신은 발언 내용을 보다 완벽히 조정할 것이다. 그리고 이런 시험은 내실 있는 게임이 될 것이다.

준비습관에 대해 스스로 진단해보자

'준비를 잘하는 것'이 성공의 비결이다. 제시된 각 상황에 대해 예 혹은 아니오로 표시를 하면서 자신의 준비습관을 진단해보라.

	체 크 리 스 트	예	아니오
1	전혀 준비를 하지 않는다.		
2	말할 내용을 미리 생각하긴 하지만, 따로 메모하지도 않고 체계 없이 생각한다.		
3	발언 직전에 메모를 한다.		
4	첫 번째 아이디어에 만족하고 특별한 조정작업 없이 그 아이디어를 숙지한다.		
5	이런저런 내용을 적어두고, 더 자연스럽고 솔직해지기 위해 사람들 앞에서 바로 그 내용을 다듬는다.		
6	집중하고 지나치게 영향을 받지 않기 위해서 발언 전에 사람들에게서 떨어져 혼자만의 시간을 갖는다.		
7	발언 전날 아이디어를 적어두고 그 아이디어를 암기한다.		
8	그저 잠자리에 들면서 당신이 말할 내용을 생각한다.		
9	준비작업은 결코 예상한 대로 진행되지 않기 때문에, 종종 준비작업이 아무 소용없다고 생각한다.		
10	준비작업 자체가 하나의 제약이 된다고 생각한다.		
11	준비할 때 훨씬 더 두렵다.		
12	준비할 때 뭔가 잘 되지 않는 사항들을 발견한다.		
13	마지막 순간에 준비하는 것으로 충분하다고 생각한다.		
14	준비작업으로 자연스러움을 잃게 될까 봐 두렵다.		
15	준비할 시간을 찾아낼 줄 모른다.		

자가진단의 결과를 알기 위해서는 84쪽을 참조하라.

시간을 할애해 준비하라

전화, 면담, 회의, 집회, 인터뷰 등 발언 날짜가 정해지면 차분하게 예비작업에 들어가라. 해당일을 앞두고 며칠에서 최대한 일주일 사이 두세 번 짬을 낼 수 있는 시간을 수첩에 기록해서 그때 조정을 해나가라. 음악, 연극 무대에서 리허설을 하는 것과 마찬가지다. 충분한 연습이 당신에게 자신감을 부여한다.

시나리오를
써보라

간결한 발언은 점진적인 작업을 통해 이루어지는 것이기 때문에 처음부터 간결한 발언을 준비하기는 어렵다. 당신은 제거하고 삭제하면서 이른바 '작품의 진수', 다시 말해 발언의 핵심을 식별해내야 한다. 신속하고 효율적인 준비를 위해 이전 단계에서 선별한 정보를 토대로 발언 내용을 써내려가야 한다.

1. 조각하듯이 논제를 다듬어라

조각가는 언제나 재료를 가지고 시작해 점점 정교한 형체를 만들어간다. 조각가처럼 조각하듯이 논제를 다듬어라. 여기 좋은 지침이 있다.

🔊 전체적인 발언의 윤곽과 흐름을 잡아라

화가는 그림을 그리기 전에 스케치를 하고, 소설가는 펜을 들기 전에 시나리오를 고민한다. 프레젠테이션을 위한 발언도 마찬가지다. 발언의 전체 윤곽을 디자인해야 한다. 그다음에 윤곽을 바탕으로 논제의 흐름을 구상해야 한다.

🔊 논제를 다듬고 쓸데없는 부분을 제거하라

어떤 사실이나 예로 아이디어를 보강하거나, 여기저기 불필요하다고 생각하는 부분을 삭제하라. 그리고 다음으로 말할 내용을 시험대에 올리고 주도적으로 작업에 착수한다. 강한 인상을 주는 핵심 논거를 순서대로 조정하고, 통계수치나 실례를 들어 논거를 뒷받침하라.

🔊 새로운 아이디어를 적극적으로 활용하라

이런 작업을 하면서 다른 아이디어들이 머릿속에 떠오를 수 있다. 그런 아이디어를 통해 다른 문장 표현을 찾아내거나, 당신의 첫 번째 계획안을 재검토할 수 있다. 새로운 아이디어를 더 좋은 결과에 이르게 하는 하나의 기회로 여겨라.

2. 과감히 새로운 안을 만들어라

첫 번째 안을 만든 후에 몇 시간 동안 그 초안을 그냥 내버려두어라. 그런 다음 열거식이나 단계별로 구분하면서 그 안의 형태를 다시 만들어라.

🔊 조각가의 작업을 생각하면서 안을 짜라

당신이 자유롭게 다룰 두세 개의 새로운 재료덩어리, 즉 몇 가지 안을 간직해두어라. 그렇게 하면 초안에 크게 영향을 받지 않을 것이며, 어쩌면 초안으로 다시 돌아가게 될지도 모른다.

🔊 이 단계를 시간 낭비라고 생각하지 마라

각각의 시나리오는 당신의 논제에 다양한 관점을 가져다주며, 확정된 발언 내용에 여러 아이디어나 재미있는 표현법을 제공해준다.

🔊 상상한 몇 가지 시나리오를 제각각 완결지어보라

사람들은 단지 발언의 시작 부분만을 변경하는 경우가 많다. 그러나 단순히 이렇게만 바꾸어도 모든 논거를 완전히 다른 방식으로 전개할 수 있다는 사실을 확인할 수 있다.

🔊 가상 시나리오를 만들어 결정하라

따로따로 여러 가지 제안을 만들어가면서 추후 그 안들을 비교하고 평가하라. 그럼 최선의 모습을 선보일 가능성은 더 커진다.

🔊 최종 시나리오를 결정하라

비교가 끝난 후에, 당신에게 가장 적합해 보이는 시나리오를 결정할 수 있다. 대개 그 시나리오는 발언 내용이 가장 유연하게 진행될 수 있게 해준다.

3. 논제를 최소한도로 줄여라

시나리오가 있지만 아직 모든 논거를 다 갖고 있는 것은 아니다. 논제를 종합적으로 취합해 줄이는 일은 굉장히 까다롭고 첨예한 작업이다. 성공적으로 작업을 하기 위해서는 주어진 시간보다 더 짧은 시간 내에 당신이 선택할 발언 내용과 모든 아이디어, 모든 논거 가운데 무엇을 남겨둘 것인지 생각해보라.

🔊 과감히 단 한 개의 단어만을 남겨두어라

그것이 키워드, 나아갈 방향을 잡아주는 길잡이 단어다. 그 단어를 중심으로 발언 내용이 집약된다. 메시지를 가장 잘 집약시켜줄 단어를 찾아내기 위해, 집중력을 쏟고 치열하게 선별해내야 한다. 더군

다나 그 단어는 발언을 하는 동안 확실히 여러 번 사용될 만한 가치가 있어야 한다.

🔊 임팩트가 강한 문장을 만들어라

당신이 가장 좋다고 생각한 시나리오에 의거해 강한 충격을 주는 표현을 만들어보라. 이 문장은 당신의 메시지를 가장 잘 요약해주고 전달해주는 역할을 할 것이다. 이때는 반드시 당신이 선택한 키워드를 포함해야 하고, 인용문이나 슬로건만큼 쉽게 그 표현을 기억할 수 있어야 한다.

🔊 발언 내용을 몇 부분으로 나누어라

간결한 발언의 경우, 두 부분, 나아가 최대한 세 부분을 예상해두어야 한다. 보통 본론으로 들어가기에 앞서 다음과 같이 얘기한다.

"저는 여러분께 두세 가지 말씀드릴 게 있는데요……."

이와 같이 준비를 하면서 당신은 자신감을 얻을 것이다. 끊임없이 되풀이하다 보면 결국 더 편안한 마음을 가질 수 있다. 재료덩어리를 앞에 두고 있는 조각가의 이미지를 꼭 기억해두자.

논제를 종합하는 연습을 하라

직장생활이나 개인적인 생활과 관련된 열 가지 견해를 선택해보라.(예를 들어, 나는 주당 35시간 노동에 찬성한다, 나는 추상예술을 무척 싫어한다, 회사 내에서 흡연을 금지해야 한다, 유아원 때부터 영어를 배워야 한다, 사람들은 지나치게 약을 많이 먹는다.)

그러한 견해를 먼저 키워드로, 다음엔 간결한 문장으로 표현해보는 훈련을 하라.

견 해	키 워 드	간결한 문장
1.		
2.		
3.		
4.		
5.		
6.		
7.		
8.		
9.		
10.		

자가진단의 결과를 알기 위해서는 85쪽을 참조하라.

성공의 열쇠는 바로 유연한 흐름이다

다른 사람들의 이목과 주의를 끄는 생각을 우선적으로 선별해야 한다. 다른 사람들의 말을 들으며 당신이 싫어한 점, 예를 들어 단조로움, 반복, 장황하게 늘어놓는 아이디어들을 생각해보라. 그 반대로 당신의 말이 강이 흘러가듯이 점진적으로 진행된다고 생각해보자.

말로 사람들을 놀라게 하고 새로운 국면으로 접어들게 하고, 방향을 바꾸고 진행속도를 조절해야 하지만, 그렇다고 해서 길잡이가 되는 주요 흐름을 빠트리지는 마라. 성공적인 발언은 여러 아이디어가 자연스럽게 흘러가야 한다. 설득할 시간이 몇 분밖에 없을 때, 약 만 개의 단어(약 5쪽 분량의 원고)를 사용하게 되는데 리듬감을 주어 유연하게 진행하는 것이 좋다.

section
03

전략적으로
준비하라

이제 발언 내용에 대해서는 준비가 돼 있다. 그렇지만 간결한 발언의 효과와 즉각적인 영향력을 기대한다면 보다 더 전략적인 조정작업이 요구된다. '이런 발언을 하는 것은 당신에게 유익한가? 어떤 상황에서 발언을 하게 되는가? 쟁점은 무엇인가?'

많은 질문이 결국 당신 고유의 전략적 역량과 직접 연관된다.

1. 본론으로 들어갈 준비를 하라

🔊 바로 본론으로 들어가면 개인적인 이미지에 영향을 미친다

곧장 본론으로 들어가면 당신의 면모가 바로 드러난다. 상대는 "참 대담하지, 참 서투르지… 아니면 임기응변이 참 대단하지!"라고 생각할 것이다. 간결하게 하면 당신의 발언이 부각되고 당신 자체를 드러낼 수 있다. 짧은 시간 내에 말하기로 선택한 내용이야말로 가장 좋은 당신의 논제다.

◁)) 바로 본론으로 들어가면 전문성 향상에 영향을 미친다

신속한 커뮤니케이션은 보다 광범위한 과정 중에 중요하고 결정적인 단계로 자리매김된다. 일례로 어떤 요청을 제기하는 경우, 관심을 불러일으키는 경우, 몇 달 전부터 바라던 동의를 얻어내기 위해 논리적으로 어떤 제안을 주장하는 경우를 들 수 있다. 이러한 핵심 단계를 통해 당신은 해당 사안을 우호적인 방향으로 돌리거나 그렇지 않으면 위태로운 상황으로 내몰게 될 것이다.

2. 모든 가능성을 열어두라

준비하는 동안 당신이 생각해두었던 다양한 시나리오를 다시 집어 들어라. 그리고 그중에서 가장 확실한 안을 선택하라. 선택이 힘들다면 다시 처음부터 읽어보라. 그러면 전체 내용 가운데 가장 중요한 사안이 눈에 띌 것이다.

🔊 결정에 도움이 되도록 다음과 같이 자문해보라

- 이러한 논거를 제기하면 신뢰를 줄 수 있는가?
- 발언 상황에는 부합하는가?
- 상대나 청중은 이러한 메시지를 이해할 수 있는가?
- 당신은 명료한가?
- 한 발짝 뒤로 물러나 돌아볼 여지는 있는가?

🔊 반향의 개념을 고려해보라

영향력을 행사하고 호의적인 반응을 끌어내기 위해 당신의 발언은 어떠해야 할까?

- 당신이 선택한 주요 흐름에 따라 유익한 자극을 주어야 한다.
- 상대의 논리, 믿음, 기대를 지지해주거나 거기에 맞게 반향하고 공명해야 한다.

청중이 다음과 같이 말하면 당신은 성공한 것이다.

"다른 사람들이 마음속으로 생각하고 있던 것을 강력히 주장한 그는 설득력 있어!"

이는 당신의 말에 상대방이 반향을 일으켰다는 증거다.

만약 발언이 성공한 경우에, 당신은 이런 칭찬의 말을 들을 것이다.

"그는 우리에게 말하는 법을 제대로 알고 있었지."

이는 한편으로 자신의 의사를 발언 상황에 맞게 잘 조정해서 표현했으며, 한편으로는 상대나 청중이 이해할 수 있는 것과 듣고 싶어하는 것 사이에 적절한 균형점을 찾아냈음을 의미한다.

🔊 소기의 성과를 거둘지 확인하라

다음 세 가지 질문을 자문해보라. 그러면 당신의 발언이 실효성이 있는지 어느 정도 파악될 것이다.

- 당신의 발언이 당신에게 유용할 것인가?
- 그 발언은 당신의 이익에 도움이 될 것인가?
- 이와 같은 형식과 표현을 쓴 발언이 충분히 잘 받아들여질 수 있을까?

자신을 경계하라

당신이 자기설득 수단으로 쓰인 논거들을 늘어놓는다고 느끼면, 그때부터 당신 자신을 믿지 마라. 당신은 지나치게 자기중심적인 행보를 걷고 있다. 다음과 같은 질문을 제기해보면 상대를 설득할 수 있는 가능성이 더 높아질 것이다. "상대의 입장에서 당신이 그에 대해 알고 있는 것을 고려한다면, 상대는 무엇을 듣고 싶어할까?" 그렇지만 당신의 논리를 강조하길 원한다면, 그 사실을 말하고 사전에 '제 생각에는'과 같은 표현을 사용하라. 그러고 나서 상대에 맞추어 논증을 제시하라. 예를 들어, 상대가 변화를 좋아한다는 사실을 알고 있다면, 당신의 발언 내용을 그 점과 결부시켜 당신의 프로젝트는 상대가 희망하는 방향으로 진행된다는 점을 부각시켜라.

전략가가 되어라

전략의 개념은 일상의 커뮤니케이션, 특히 설득을 목적으로 하는 커뮤니케이션에서 위험 부담이 있는 상황에 두루 잘 적용된다. 그럼 전략가가 되려면 어떻게 해야 할까?

1. 머리를 써서 한 발짝 뒤로 물러나 위험요소들을 판단하고 또 다른 계획안을 구상하며, 상대나 청중에 대해 알고 있는 내용과 발언 상황에 견주어 결정을 내려라.
2. 필히 이것저것 따져보고 책략을 써라. '대치술(이는 반감을 불러일으키게 될 것이다)'이 아니라 '유도술'을 선택하라.
3. 상대나 청중의 참여를 이끌어내라. 간결한 발언으로 설득하기 위해서 당신이 반드시 옳다는 점을 내세우려고 해서는 안 된다. 상대에게 유도하고 싶은 결론이 자명한 것인 양, 그 상대가 스스로 결론에 이르도록 배려하라. 강압적으로 다가가지 않고 섬세하게 접근할 때 성공 확률은 더 높아질 것이다.

영향력 있는
논제를 찾아라

여러 의사소통 유형과 달리 간결한 발언에서는 대화를 주고받지는 않는다. 따라서 상대나 청중의 우호적인 반응을 얻으려면 가능한 한 가장 영향력이 큰 논제를 찾아내야 한다.

1. 사전에 유리한 분위기를 조성하라

발언 내용을 청중에게 잘 전달하기 위해서는 더 적극적으로 준비 작업을 해야 한다. 다음 세 가지 조언은 프레젠테이션 전에 꼭 짚고 넘어가자.

🔊 상대나 그의 주변 사람들을 탐색하라

이때 발언 내용이나 요구사항을 드러내지는 마라. 사전 작업을 통해 동향을 살피는 것 뿐이다. 이 작업은 적절한 형식과 최선의 논거를 찾기 위해서는 물론, 때로 적절한 발언 시기를 찾기 위해서 유익하다. 신속한 커뮤니케이션의 경우, '엘리베이터 피치'의 예처럼 다소 이례적인 상황에 놓일 수도 있고, 때로 유리한 순간을 유효적절하게 활용할 수도 있다.

🔊 로비활동을 하라

다시 말해, 발언 상대나 청중의 관심을 불러일으키기 위해 포석작업을 하라. 논증이나 신속하게 진행하는 문제와 달리 이런 사전작업에는 요령이 필요하다. 상대의 관심을 환기시킴으로써 추후 당신이 말하고 요청해야 하는 내용이나 제안하는 내용을 상대가 더 쉽게 받아들일 것이다.

🔊 반응을 살펴라

핵심을 찔러 성공 가능성을 배가시키기 위해서 신중하고 조심스럽게 접근해보라. 그러면 두려움, 욕망, 당혹감, 우호적인 성향 등의 미미한 신호를 느끼고 잡아낼 수 있다. 반응을 살펴보는 이 과정이 자칫 상대를 조종하는 행보로 오인받을 수도 있으나 관건은 상대를 속이려는 것이 아니라, 상대가 알아들을 수 있게 최선의 표현방식을 찾는 것임을 잊지 말자. 가능한 한 자신을 다른 사람들에게 맞추려고 노력하면서 사람들과 두루 잘 지내려는 사교성을 드러내라.

2. 다른 사람들을 고려하라

메시지의 내용을 잘 검토한 후에 당신의 발언을 상대나 청중에게 맞춰가는 단계로 넘어가라. 이전 단계에서 이상적인 발언 시나리오를 구성했을 때 당신은 이 점을 유념해두지 못했다. 이제 준비작업을 상황에 대응시켜보라. 그렇게 하면 당신은 상대나 청중을 헤아리게 될 것이다.

🔊 한 사람과 대면하는 경우

다음과 같은 여러 가지 질문을 제기해보아야 한다.

- 상대에 대해 무엇을 알고 있는가?
- 그에게서 특별히 예상되는 심리상태는 어떠한가? 그는 쉽게 영향을 받는가?
- 그는 당신의 발언 목적에 대해 어떤 견해를 갖고 있는가?
- 그는 사고가 유연하고 융통성이 있으며, 다가가기 쉽고 상대의

얘기에 귀를 잘 기울이는가?

- 그와 함께 이 주제를 다룬 적이 있는가?
- 그는 발언의 주제에 대하여 결정권을 갖고 있는가?
- 둘 사이에 분쟁사 안이 있는가?

🔊 청중을 대하는 경우

여러 사람들을 대상으로 발언할 때 앞에 나온 질문 목록도 유용하지만, 아래 보충한 질문을 중점적으로 살펴야 한다.

- 청중은 동질 집단인가, 이질 집단인가?
- 청중은 당신에게서 무엇을 기대하는가?
- 청중은 당신의 발언에 어떻게 준비를 했는가?
- 청중은 쉽게 영향을 받는가? 강한 영향력을 갖는 리더들이 있는가?
- 이 청중 가운데 지지자들이나 비방자들이 있는가?

이런 질문들에 답을 해보면 상황에 동떨어진 발언을 할 위험이 줄어든다. 이렇게 상대를 고려하다 보면 당신은 가상으로나마 다른 사람들에게 다가가고 그들을 생각해보면서 그들의 존재를 인식할 수 있다. 더 나아가 그들의 관점과 입장에서 생각하며 그들의 논리와 믿음을 숙지할 수 있다.

🔊 준비단계에서 만들어낸 안을 다시 집어 들어라

그리고 이제 다음 사항을 생각해보라.

– 그 안은 적합한가?

– 그들은 그 안을 알아들을 수 있는가?

– 나는 그들의 기대에 잘 부합하는가?

🔊 준비작업을 완결지어라

– 적합한 단어를 선별하여 적용하라

– 그들이 민감하게 반응할 논거를 찾아서 대처하라

– 그들을 설득할 수 있는 추론을 제시하라

– 가장 타당한 사실이나 증거로 설득하라

3. 사람들을 끌어들여라

당신이 몇 분 안에 설득하려고 애쓸 경우, 상대나 청중은 메시지가 오직 그들에게만 전해진다고 느끼고 싶어 한다. 그 방법 세 가지를 소개한다.

🔊 발언 내용 속에 상대를 끌어들여라

'여러분'이라는 대명사를 사용하라. 그리고 상대를 그 상황 속에 관여시켜라. 예를 들어 "여러분은 고객들이 창구 대기 시간에 대해 불평한다는 사실을 확인했습니다. 그리고 여러분은 확실히 판매원들과 그 문제에 대해 말씀하셨습니다"와 같은 유형의 문장으로 시작하면서 주목을 끌어라.

🔊 질문 – 답변 형식을 이용해 상대의 주의를 끌어라

"오늘 여러분은 교육을 통해 무엇을 기대하십니까? 확실히 여러분은 여러 수단과 구체적인 대응책들을 생각하고 있습니다. 분명 그렇고말고요. 그러나 여러분이 기대하는 진정한 대안은 바로 실행을 위한 훈련과 여러 조언입니다."

🔊 상대를 위한 이점을 제시하라

당신이 옳다는 사실을 보여주려고 애쓰지 마라. 상대를 위한 이득을 분명히 밝혀줄 때 설득할 수 있는 가능성은 배가된다. 그러기 위해서 두려워하지 말고 다음과 같은 직접적인 표현법을 사용하라.

"이 회의를 월 초로 옮기면 여러분은 상당한 이득을 얻을 것입니다. 여러분의 협력 직원들은 실제로 4주의 시간을 갖고 그 상품을 출시할 것입니다. 우리는 경쟁업체보다 더 신속합니다. 여러분은 이런 기회를 간과해서는 안 될 것입니다."

당신은 상대를 고려하는가?

간결한 발언에서는 단어 선택도 중요하지만, 그만큼 상대의 의견을 예상하는 일도 중요하다. 당신이 발언하는 내용이 상대방을 고려한 것인지 알아보기 위해, 다음 질문에 예 혹은 아니오로 답하면서 정확히 판단해보라.

	체크리스트	예	아니오
1	언제나 자신이 옳았으면 좋겠다.		
2	누군가를 설득하는 데 오로지 하나의 방식만이 있다.		
3	다른 사람들이 어떤 사람의 관점을 바꿀 수는 없다고 생각한다.		
4	발언하기 위해 적절한 때를 기다린다.		
5	발언하기 위해 첫 번째 기회를 잡는다.		
6	압력을 행사하고 주장을 굽히지 않는 것을 좋아한다.		
7	사전에 유리한 여건을 조성하고 탐색작업을 한다.		
8	다른 사람들의 태도와 행동방식을 알아보기 위해 그들을 관찰한다.		
9	다시 시도를 할 경우, 항상 다르게 착수한다.		
10	찬찬히 진행하는 것을 아주 좋아한다.		
11	과감히 선동가가 되어야 한다고 생각한다.		
12	흔히 상대에게 안정감을 주지 않는 편이다.		
13	여러 단계를 뛰어넘는 경향이 있다.		
14	다른 사람에게 그가 틀렸다는 사실을 드러내주려고 애쓴다.		

자가진단의 결과를 알기 위해서는 86쪽을 참조하라.

상대의 반응을 예상하라

당신의 발언 상대는 다섯 가지 범주로 분류할 수 있다. 상대방에 맞는 태도를 기억해두고 실제 상황에서 유형별로 식별해보라.

상대 유형	식별 표시
무관심형	명백한 관심 부족, 상대적인 무지, 유연성과 융통성 부족, 준비가 안 돼 있음
당황형	의심, 놀람, 불확신, 상대적인 이해 부족
호의형	우호적인 성향, 긍정적인 수용, 건설적인 태도, 희망, 강한 기대, 선망
의심형	비판, 의심, 거의 확신하지 않음, 거의 동참하지 않음
적대형	적대감, 반대, 거부, 두려움

발언하는 동안, 아이디어의 흐름을 놓치지 않으면서 발언 상대의 표정변화를 관찰하라. 그러면 관심의 표시, 동의의 몸짓, 찌푸리는 이마 등의 반응을 통해 당신의 발표가 즉각적으로 어떤 영향을 미치는지 파악할 수 있다. 추후 종합평가, 분석작업을 할 때 발표의 결과를 냉철하게 분석할 수 있다.

이런 과정을 통해 당신은 발언 내용을 조정할 수 있다. 예를 들어 주장을 계속 관철시키고, 다른 예를 선택하고, 어떤 논증을 짧게 하고, 어떤 설명을 보강해야 하는지 알 수 있다. 커뮤니케이션의 대가들에게서 이런 재능이 잘 나타나는데, 당신이 다른 사람들을 고려해야 할 필요성을 인정하면 바로 당신에게서 이러한 재능이 발휘될 것이다. 훈련과 약간의 인내심을 통해 시의적절하게 상대와 상황에 당신을 맞춰가는 능력을 키울 수 있다. '정확하게 말하기'는 '정확하게 노래하기'와 비슷하다. 무엇보다 듣기 훈련을 계속 해야 한다.

간결한 발언에는 여러 단계의 실질적인 준비작업이 필요하다는 사실, 즉석에서 표현하는 것이 아니라 메시지를 축약해 핵심을 전해야 한다는 사실을 인식했다.

❶ 사전에 당신의 발언을 준비하라

여러 아이디어를 선별하고 서로서로 비교하면서 아이디어를 시험해보라. 발언 당일 편안한 마음이 들도록 아이디어를 숙지하고 제어하는 훈련을 하라.

❷ 짧은 분량의 몇 가지 시나리오를 생각하라

다양한 시나리오를 생각해보고 그중에서 광범위한 지지를 모을 수 있는 시나리오를 채택하라. 간결하게 하는 훈련을 해나가면서 필히 당신은 메시지의 의미를 명료하게 밝힐 수 있을 것이다.

❸ 당신의 논제를 조각하듯이 다듬어라

일단 가장 설득력 있는 논거들을 정리했다면, 그 논거들을 기억해두어라. 그리고 여러 아이디어가 유연하고 자연스럽게 연결된다고 생각될 때까지 발언할 내용을 큰 목소리로 말하는 연습을 하라.

❹ 청중의 관심을 사로잡는 발언 내용을 생각하라

　사전에 상대나 청중을 고려하면 할수록, 논의는 더욱더 타당해 보일 것이며 그들의 지지를 더 많이 끌어낼 것이다.

❺ 전략가가 되어라

　당신의 발언은 정말로 당신에게 유용한가? 당신의 책임과 위기 상황을 헤아려보라.

❻ 섬세함을 보여주라

　반드시 당신이 옳다는 사실을 보여주려고 애쓰다가 상대를 진력나게 하지 마라.

PART 02
section
01

준비습관에 대해 스스로 진단해보자

10개 항목 이상 '예'라고 답했다면, 당신의 준비습관을 완전히 재고해야 한다. 당신에게 설득할 시간이 몇 분밖에 없다면, 그 사실이 당신에게 치명타가 될지도 모른다.

적절한 준비 여하에 따라 결과는 달라진다.

그리고 10개 이상 '아니오'라고 답했다면, 이미 이런 유의 시험에 대해서는 준비가 아주 중요하리라는 사실을 이해한 것이다.

논제를 종합해보는 연습을 하라

이런 연습을 통해 당신은 유용한 사고력 훈련을 할 수 있다. 단, 이 10개의 견해로 국한하지 마라. 훈련을 통해 더욱 편안한 마음을 갖아라. 당신이 만든 것을 다시 읽고 더 좋게 다듬어라. 그리고 주변 사람들을 대상으로 그 결과물을 시험해보라.

당신은 상대를 고려하는가?

'설득하기'는 반드시 당신이 옳다는 사실을 보여주려고 애쓰는 것도 아니며, 다른 사람이 틀렸다는 사실을 드러내는 것도 아니다. 또한 당신 자신이 굳게 믿는 논거로 다른 사람을 쉽사리 설득할 수 있는 것도 아니다. 따라서 설득하기 위해서는 당신이 발언을 준비할 때 세심하게 다른 사람들을 고려했는지 확인해보아야 한다.

4 - 7 - 8 - 9 - 10 - 11 - 13 문항에 '예'라고 답했다면(혹은 대부분 '예'라고 답했다면) 당신은 누군가를 설득하기 위해서는 그 사람의 논리와 준거 체계(아이디어, 가치관, 믿음)를 고려해야 한다는 사실을 완벽하게 이해한 것이다.

1 - 2 - 3 - 5 - 6 - 12 - 14 문항에 대부분 '예'라고 답했다면 당신은 지나치게 자기중심적이다. 자기중심적인 성향으로 인해 당신의 기준으로 다른 사람들을 이해하고 지나치게 압력을 행사한다.

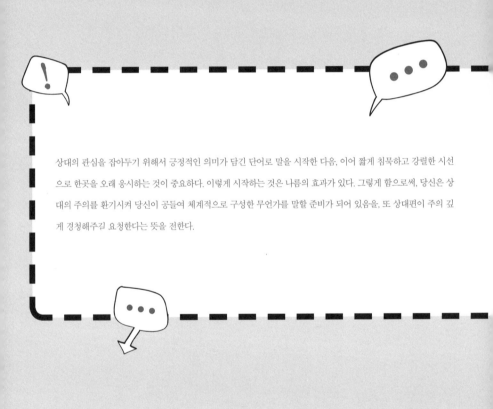

상대의 관심을 잡아두기 위해서 긍정적인 의미가 담긴 단어로 말을 시작한 다음, 이어 짧게 침묵하고 강렬한 시선으로 한곳을 오래 응시하는 것이 중요하다. 이렇게 시작하는 것은 나름의 효과가 있다. 그렇게 함으로써, 당신은 상대의 주의를 환기시켜 당신이 공들여 체계적으로 구성한 무언가를 말할 준비가 되어 있음을, 또 상대편이 주의 깊게 경청해주길 요청한다는 뜻을 전한다.

말발의 귀재는
마음을 사로잡는다

이목을 끄는 문장을 만들어라

짧은 발표 시간이 지난 후에 호의적인 견해를 얻으려면 어떤 경우든 엄격한 구성이 필요하다. 상대를 설득하기 위해서 정리한 아이디어를 알맞게 구성하라. 준비작업 2단계로, 이 단계에서 최종 조정작업이 이루어진다.

1. 상대의 관심을 불러일으켜라

이제부터 당신은 발언 내용을 시작 표현, 주목을 끄는 강렬한 표현, 논증의 표현, 서로간의 소통을 유도하는 표현, 그리고 결론의 표현으로 나누어 세세히 다듬어가면서 발언의 영향력을 강화시켜라.

🔊 주의를 끄는 표현으로 시작하라

상대의 관심을 잡아두기 위해서 긍정적인 의미가 담긴 단어로 말을 시작한 다음, 이어 짧게 침묵하고 강렬한 시선으로 한곳을 오래 응시하는 것이 중요하다. 이렇게 시작하는 것은 나름의 효과가 있다. 그렇게 함으로써, 당신은 상대의 주의를 환기시켜 당신이 공들여 체계적으로 구성한 무언가를 말할 준비가 되어 있음을, 또 상대편이 주의 깊게 경청해주길 요청한다는 뜻을 전한다.

🔊 강렬하고 긍정적인 표현을 찾아라

명료하고 타당하며 잘 다듬은 간결한 문장으로 이어 나가라. 이 문장이 바로 슬로건에 해당하는 간결한 문장이다. 이 문장이 상대의 흥미를 자아내 마음을 사로잡고, 가능하다면 그를 깜짝 놀라게 해 강한 인상을 준다면 좋은 성과를 가져올 것이다. 이 문장을 간과하지 마라. 당신은 서두에 해당하는 이 말을 가지고 본격적인 모험에 뛰어드는 것이다.

2. 외교관처럼 주장을 개진하라

상대의 관심을 촉구했으니 상대방은 의당 타당한 논증을 예상할 것이다. 그러므로 사전에 아이디어를 잘 숙지하는 것이 무엇보다 중요하다.

🔊 확고한 논거를 제시하라

확실한 사항을 토대로 구체적으로 접근하면서 아이디어를 전달하라.

- 예증을 통해 논거를 제시하라.
- 여러 사실은 물론 수치를 제시하라.
- 아이디어를 유도할 때 연결어나 제시어를 써라.

  (주요 아이디어는…, 그러나…, 그럼에도 불구하고…, 결과적으로…)

- 이점, 결과, 호의적인 성과 등을 제시하라. 당신이 제시한 논거는 약속의 가치를 지녀야 하고, 상대방이 그 논거를 잠재적인 이득으로 인지해야 한다. 당신의 논거가 당신에게만이 아니라, 상대방에게 의미가 있어야 한다는 점을 잊지 마라. 당신의 목적은 당신이 옳다는 사실을 그에게 증명하는 것이 아니라는 것을 명심하라.

- 당신의 약속이 신뢰를 주고 청중이나 상대에게 부합하도록 유의하라.

- 전반적으로 당신의 논거를 논리적으로 연결하라. 지나치게 문학적인 방식으로 전개하려고 애쓰지 마라. 접속사 '그런데'와 '따라

서'는 연설자의 주장을 유도하기 때문에 말로 전할 때 더 강하게 호소할 수 있다. 그래서 당신의 결론은 청중에게 보다 분명히 전달될 것이다.

🔊 상대를 끌어들여 그의 주의를 자극하라

- "여러분은 확실히 ~을 확인했습니다" "여러분에게 ~을 지적해 드렸듯이…"와 같은 표현으로 발언 내용에 상대의 호기심을 끌어들이고 그의 주의를 끌면서 상대를 고려하라.
- 상대를 유도해 당신을 돕게 하라.
- 요령껏 능란하고 교묘하게 접근하라. 무엇보다도 당신의 요청이 그의 관심을 불러일으킬 것이고 그에게 관련된다는 사실, 모두 함께 나서야 일을 할 수 있을 것이라는 사실을 보여줘라.
- 아이디어, 계획, 제안이 가져오는 상호이익을 보여줘라.
- 보다 적극적으로 상대에게 다가가라. 당신은 사전 준비작업으로 그가 민감하게 반응할 내용과 당신이 그에게서 얻을 수 있는 내용을 규명해주는 몇 가지 열쇠를 제공받았다. 이제 가장 타당한 논거들을 알맞게 구성할 때다.

🔊 솔직한 질문으로 마무리하라

발언은 결정적인 단계에서 끝내는 것이 중요하다. 명료하고 간결한 방식으로 당신의 요청을 요약하라. 바로 그때 요청이 가져올 긍정적인 결과에 대해 일절 의심을 해서는 안 된다. 상대가 더 많은 것을 알고 싶어 하도록 질문은 솔직하고 진실되어야 한다. '엘리베이터 피치'의 예를 들 경우, 당신은 회사 대표와 만날 약속을 얻으려고 한다. 당신은 마지막으로 이렇게 말할 수 있을 것이다.

"다음 주에 좀 더 긴 시간 동안 만나 뵐 수 있을까요?"

사실상 몇 분 안에 얻을 수 있는 동의의 유형은 최상의 경우 즉각적인 찬성이 될 것이고, 최악의 경우는 당신의 프로젝트를 소개하기 위해 제시된 날짜의 '연기'일 것이다.

당신은 어떻게 아이디어를 유기적으로 구성하는가?

각 제시문에 대해 당신의 발언 습관을 가장 잘 반영해주는 답에 표시해 당신의 습관을 정확히 판단해보라.

	당신의 발언 습관은 어떠한가?	항상	자주	드물게
1	누군가에게 말을 걸 때, 발언 시작 부분의 단어에 결코 주의를 기울이지 않는다.			
2	발언할 때 오히려 서두를 제대로 제어하지 못한다.			
3	발언하는 동안 말하는 동시에 생각을 한다.			
4	발언 내용이 당신이 준비한 단계대로 진행되지 않는다고 느낀다.			
5	발언할 때 준비작업을 어렴풋하게 기억한다.			
6	예정된 시간에 비해 말할 내용이 너무 많다고 느낀다.			
7	일단 상대를 마주 보면, 어떻게 해야 할지 더는 갈피를 잡지 못한다.			
8	당신 자신도 당신이 말하는 내용을 납득하지 못한다.			
9	발언하는 동안 청중이나 상대를 잊는 경향이 있다.			
10	여러 논거가 머릿속에 무질서하게 떠오른다.			
11	발언하는 내내 같은 말을 되풀이하는 경향이 있다.			
12	발언을 하면서 당황해 주장을 잊어버린다.			
13	결론은 당신의 논증과 그다지 관련이 없다.			
14	새로운 논지를 전개할 때 연결어를 잘 사용하지 않는다.			
15	논증을 하는 동안, 때로 뒤로 되돌아간다.			

자가진단의 결과를 알기 위해서는 120쪽을 참조하라.

이목을 끄는 멋진 문장을 만들어라

이목을 끄는 간결한 문장을 연습하라. 그 문장은 상대의 주의와 이목을 끌고 상대방의 호기심을 자아내야 한다. 여기 여러 상황에 따라 당신에게 영감을 줄 수 있는 몇 가지 문장의 예가 있다.

- 당신이 제게 맡겨주신 임무는 잘 끝났으며, 저는 그 임무를 통해 세 가지 사실을 깨닫게 되었습니다.
- 그 프로젝트는 지연되었습니다. 그렇지만 그 계획을 통해 우리는 이제껏 해결하지 못한 한 문제를 파악했습니다.
- 고객들은 우리에게 그 이상을 요구합니다만, 우리는 이 점을 생각해두지 못했습니다.
- 우리는 우리의 여러 파트너를 방문해보면서 새로운 기회를 발견했습니다.
- 그 일은 완수되었습니다만 우리는 예상과 다른 방법론을 적용시켰습니다.
- 우리에게는 동료들의 요구를 충족시켜주는 정보가 부족했습니다.

기자처럼 논리적으로 말하라

신문이나 잡지 기자들은 독자들이 끝까지 주의 깊게 기사를 보도록 기사의 시작과 끝 부분에 세심하게 신경을 쓴다. 어떤 발언을 할 때 당신도 그렇게 해야 한다. 아울러 설득력이 더 강한 논거로 시작해 중간중간 다소 설득력이 약한 논거를 끼워 넣어 리듬감 있게 논의의 강약을 조절하고, 그런 다음 제일 영향력이 큰 논거로 끝을 맺어라.

초반에 마음을 사로잡는 강렬한 표현을 찾아라

간결한 발언의 서두는 결정적으로 중요하며 서두에서 우호적인 관심을 끌어내야 한다. 그래서 서두에서 사용하는 발언의 표현을 시험해보고 잘 다듬고 손질해야 한다. 그 서두를 발판으로 삼아 당신은 논증을 제시해 나가게 된다. 그래서 초반에 상대방의 마음을 사로잡을 수 있는 강렬한 표현을 사용하는 것이 중요하다.

1. 핵심 아이디어를 드러내라

최상의 시나리오라고 채택한 안을 다시 집어 들어라. 이제 당신은 발언문의 중심 문장을 다듬어야 할 차례다.

🔊 강렬한 인상을 주어라

'엘리베이터 피치' 방식의 독창적인 취지에 의하면 당신은 아주 짧은 시간에 설득을 해야 한다.

- 주목을 끄는 강렬한 표현은 한 문장으로 집약되는, 핵심을 찌르는 표현이어야 한다.
- 몇 개의 문장으로 집약해 하나의 아이디어를 개진해야 한다.
- 이런 기본적인 규칙을 머릿속에 간직해두어라. 당신은 발언을 통해 단 하나의 아이디어만을 전달해야 한다.
- 상대가 당신의 아이디어를 명백한 사실로 받아들여야 한다고 생각하라.
- 효율적으로 준비하기 위해서 다음과 같은 질문을 제기해보라. '내가 어떻게 상대나 청중의 동의를 얻을 수 있을까?'

🔊 아이디어를 예증해주는 몇 가지 사실을 선택하라

- 당신의 핵심 아이디어를 부각시키는 사실만을 채택하라.
- 다른 사람에게 강한 인상을 주는 사실들을 선택하라.
- 확인된 사실을 들어 당신의 추론이 보다 쉽게 받아들여지도록 하라.
- 확인된 사실들은 당신의 신뢰도를 결정한다. 꼭 당신이 확인한

사실들만 예증하라. 향후 일정 문제를 다루는 경우라도 미리 관련되는 날짜를 전부 다 확인하라.

2. 핵심적인 사실들을 진술하라

🔊 간단하고 정확하게 하라

짧은 발표문에서는 더욱 간결하고 정확하게 말을 해야 한다. 이목을 끄는 표현은 좋지만 지나치게 과장된 표현은 삼가야 한다. 이목을 끄는 문장을 잘 선택하기 위해서는 다음과 같은 문장을 채택하라.

- 가장 명료한 문장을 선별하라
  가장 간단한 문장으로 작성하라
- 상대가 보기에 가장 믿을 만한 문장을 선택하라
- 당신이 보기에 가장 믿을 만한 문장을 기술하라
- 상대의 논리와 믿음에 가장 큰 반향을 일으킬 만한 문장을 찾아라

🔊 모든 사실을 다 진술하지 마라

모든 사실만 이야기한다고 해서 설득력이 있는 건 아니다. 연습을 하다보면 여러 사실을 말하기가 그다지 쉽지 않고, 모든 것을 다 드

러낼 수 없다는 사실을 발견할 것이다. 그러나 당신은 변호사의 변론을 생각하면서 장애물을 극복해 나갈 수 있다. 변호사는 의뢰인을 변호하기 위해서 반드시 받아들여져야 하는 것, 주요 사실들만을 말해야 한다.

🔊 비유를 들어라

강렬한 인상을 주고 마음을 사로잡기 위해서는 적절하게 유추해내고 비유를 드는 것만큼 좋은 방법도 없다. 성공적인 커뮤니케이션을 위해서는 다음의 몇 가지 조건을 준수하라.

- 비유를 준비하라
  : 발언하는 동안 적절한 비유를 새로 만들어내지 못할 것이다.
- 그 비유가 잘못 해석될 우려가 있으니 미리 그 비유를 시험해보라
- 비유를 남용하지 마라
  : 단 한 번의 비유는 충분히 당신의 말을 확실하게 뒷받침해줄 것이다.
- 상황 설명을 위해 비유를 적극 활용하라
  : 예를 들어, 어려운 프로젝트에 대해 이야기하려면 '우리는 네 번의 고개를 넘게 될 것입니다'라고 말하라.
- 낡은 비유를 피하라

: 예를 들어, '전사의 길' '쇠귀에 경 읽기' '벽에도 귀가 있다' '전
투가 끝난 뒤에 도착하다' 등.

간결한 표현을 연습해보라

감각적으로 간결한 표현을 구사하는 연사들이 있다. 그들의 연설에 나오는 몇몇 핵심 문장은 위대한 작가들의 인용문처럼 반향을 일으킨다. 그들의 경구는 간결하고 응축된 사유이자, 리듬감 있게 균형이 잘 잡힌 사유이다.

– "나에게는 꿈이 하나 있습니다." (마틴 루터 킹)
– "좋은 질문은 좋은 논거보다 더 효과적입니다." (탈레랑)
– "완벽한 이론이 성립되려면 반드시 실천이 따라야 합니다." (바뵈프)

청중의 동의를 얻어내라

상대의 사고방식에 토대를 두면 보다 쉽게 그들의 지지를 얻을 수 있다.

– 구상해낸 생각들을 청중의 관심사에 적용해보라
– 현실적이고 구체적인 방안을 선택하라
– 그들의 사고방식을 고려해서 말을 한다면 공감을 불러일으킬 것이다.

핵심을 찌르는 단어를 선택하라

당신이 하는 말의 영향력 가운데 '단어'는 상당히 중요한 역할을 한다. 어떤 단어들은 새로운 전망을 열어주는가 하면, 또 어떤 단어들은 거북하게 하거나 상처를 주기도 한다. 몇 분에 걸쳐 당신은 약만 개의 단어를 사용한다. 따라서 핵심 단어의 선택은 매우 중요하며어떤 단어를 사용하느냐에 따라 청중의 관심이 좌우된다.

1. 심사숙고해 단어를 선택하라

청중의 관심을 불러일으킬 만한 확고한 논증을 찾아낸 다음, 시간을 갖고 발언문의 모든 단어를 검토해보라. 그 단어들은 모두 의미를 지니고 있는가?

🔊 강력한 힘을 발휘하는 단어를 선택하라

어떤 단어는 상상력에 강한 영향력과 자극을 주거나 청중의 감수성에 영향을 미칠 수 있다. 그 단어에는 아주 정확한 의미가 있고, 상대의 활력과 지지를 이끌어내는 힘이 있다. 또 발언 상황에 따라 더 강력한 힘을 발휘한다.

- 젊은이들에게는 '희망'이라는 단어가 강한 인상을 준다.
- 나이 든 사람들에게는 '평온함'이라는 단어가 강한 인상을 준다.
- 경영진에게는 '영속성'이라는 단어가 강한 인상을 준다.
- 스포츠 챔피언에게는 '호평'이라는 단어가 강한 인상을 준다.

🔊 의미를 지니는 단어들을 선택하라

당신이 사용하는 단어에는 당신의 생각이 반영되어 있다. 일반적인 대화에서 당신이 사용하는 20퍼센트의 단어만이 정말로 의미를 갖는다. 나머지 80퍼센트는 다음 단어들로 이루어져 있다.

- 별다른 효용가치 없이 가볍게 쓰는 단어들

예를 들면, 실제로 겉보기에, 지나치게, 솔직히 말해서, 정말로, 완전히, 전적으로…… 등등.

– 연결문, 상투어구들, 대화에 가까운 문장들
　다음과 같은 표현들은 발언문에 좋지 않은 영향을 미친다. "저는 ~라고 생각합니다, 그렇지 않나요? 저는 ~을 말씀드리고 싶습니다, 저는 ~을 말씀드리고 싶었습니다."

– 몇 분 동안 만 개의 단어로 말을 할 때
　모든 단어들은 다 중요하다. 그러므로 다음과 같은 표현으로 곤란한 상황을 모면하려고 하지 마라.

"죄송합니다, 저는 이런 말씀을 드리려고 했던 것이 아닙니다."
"정도에서 벗어난 말씀을 드렸습니다."
"제 생각을 제대로 이해시키지 못했습니다."

🔊 지나치게 기교를 부린 문어체 표현을 피하라
　당신은 여러 사람들 앞에서 얘기할 예정이다. 그러므로 너무 기교를 부린 표현을 찾지 마라. 주목을 끄는 강렬한 표현과 마찬가지로 당신은 간결함을 추구해야 한다. 지나치게 기교를 부린 문어체 표현은 피하는 것이 좋다. 더 직접적인 구어체 표현을 사용하라.

2. 청중을 결집시켜라

당신이 사용하는 단어들은 심리 상태와 설득력을 반영한다. 그러므로 청중을 결집시키기 위해 다음의 몇 가지 조언을 따르라.

🔊 '우리'라는 대명사로 청중을 끌어 모아라

설득하고 지지를 끌어내기 위해서는 발언할 때 가급적 '우리'라는 대명사를 사용하라.

- 만약 당신이 '사람들은'이나 '그 누구도'라고 말할 경우, 허울만 내세우는 격이 되고 만다("사람들은 해결책을 찾을 줄 몰랐습니다. 사람들은 다음번에 더 잘할 것입니다")
- 만약 당신이 '사람들은'이라고 말하면, 자신의 책임을 회피하는 것처럼 보일 수 있다. 당신이 말하는 내용을 책임지지 않는다면 발언문의 효력과 영향력은 상실된다.
- 당신이 '저는'이라고 말하면, 당신은 신경이 곤두서게 되고 상대방에게 표적으로 바뀐다. 발언을 하는 목적은 어떤 의견이나 결정을 상대와 공유하려는 것이다. 그런데 '저는'이라는 말을 견지하면 상대방이 반론을 유발할 수 있다. 공격 성향의 일인칭 대명사 '저'는 방어 성향의 이인칭 대명사 '당신' '여러분'을 만들어낸다. 자아를 전면에 내세우면서 자신을 부각시키면 반대와 대치상

황, 더 나아가 논쟁과 과열 양상이 유발된다.

- 당신이 '우리는'이라고 말한다면 더 신속하게 청중을 끌어들일 수 있다. 그럼 당신은 프로젝트, 요구사항 뿐만 아니라 새로운 아이디어에 다른 사람들을 즉각 끌어들이게 된다. '우리'라는 말로써 청중을 공동의 프로젝트에 참여시키는 것이다. '우리'라는 말은 사기를 고무시킨다.

"우리는 고객이 배달 기한에 대해 개선된 결과를 기대한다는 사실을 알고 있습니다. 또한 우리가 노력한 결과, 이의 신청건수가 5퍼센트 줄어들었습니다. 우리의 본격적인 활동은 6월 15일 시작될 예정입니다."

절대 당신이 옳고, 다른 사람이 그르다는 사실을 보여주려 해서는 안 된다.

🔊 긍정문으로 적극 주장하라

- 어떤 주장을 강하게 내세우고 싶지 않아서 "저는 이 사실을 지나치게 내세우고 싶지는 않습니다. 다만 저는…"이라고 말할 경우, 당신은 분명히 말하려고 생각한 내용을 부인하는 것이다.
- 무언가를 시인하고 싶지 않을 경우에는 문장의 구성에 주의해라.

"저는 이 직책을 받아들인 일에 대해 유감스럽게 생각하지 않습니다"라고 말하지 마라. "저는 ~을 강하게 주장하는 바입니다" "저는 이 직책에 대해 고맙게 생각합니다"라고 분명히 말하는 편이 더 낫다.

🔊 적절한 시제를 사용하라

– 다음과 같이 가정의 의미를 전하는 표현법을 피하라

"저는 바랐을 것입니다, 저는 더 선호했을 것입니다, 저는 더 좋아했을 것입니다, 저는 원했을 것입니다."

어느 경우든 이런 표현은 강한 열등감을 드러내고 패배감, 무력감이나 비난의 감정을 전한다.

– 현재 시제의 동사를 사용해 간단히 단언하라

예를 들어 "저는 당신에게 ~을 소개하길 바랍니다" "나는 네게 ~에 대해 말하고 싶어" "저는 이 자리에서 ~을 설명하고자 합니다."

이런 표현은 훨씬 더 설득력을 발휘할 것이다.

3. 바로 행동에 착수하라

'시도하다' '해보다'라는 동사는 참여가 아니라 회피의 태도를 환기시키는 단어다. '노력하다'라는 동사도 마찬가지다. "저는 숙고해보겠습니다" "우리는 ~의 고장 문제를 해결하려고 노력할 것입니다"

사실상, '시도하다'는 말은 직접 행동에 착수하는 것과는 큰 차이가 있다. 비행기 조종사가 '착륙을 시도해보겠습니다'라고 알리거나 외과의사가 '당신의 수술을 시도해볼 예정입니다'라고 말하는 것을 상상해보라! 시도하는 것이 아니라, 그들은 착륙하고 수술하는 것이다.

당신 자신을 믿어라

발언문에서 '조금' '약간'이라는 의미의 단어를 남용하지 마라. 설득할 시간이 몇 분밖에 없는데, 시간에 대한 불평으로 시작하는 것은 터무니없는 일이다. 상대가 어떻게 해석을 할지 인식해보라.

- "저는 아주 약간 지체할 것입니다."
  : 당신이 죄책감을 느낀다는 것을 상대에게 드러내게 된다.
- "여러분에게 할애할 수 있는 시간이 아주 조금밖에 없습니다."
  : 당신이 스트레스를 받고 있고 편하지 않다는 표시를 드러내게 된다.

청중의 동참과 지지를 얻기 위해 특히 유념해야 할 단어

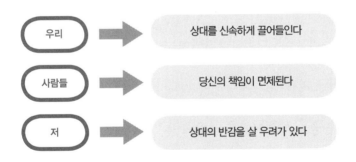

우리	상대를 신속하게 끌어들인다
사람들	당신의 책임이 면제된다
저	상대의 반감을 살 우려가 있다

논리정연하게
설득하라

'설득하기'는 여러 사실을 이용하고 추론에 의거해 명료하고 적당한 체계 내에서 아이디어를 전개한 다음 한 개 혹은 여러 개의 결론에 이르는 것이다. 만약 당신이 몇 분 안에 설득을 해야 한다면 기본적인 논리원칙을 따르기만 하면 된다.

1. 논증을 체계적으로 구성하라

아주 짧은 시간 안에 설득하기 위해서 아이디어를 제시하는 간단한 원칙을 채택하라. 이때 말하고자 하는 논증을 체계화하는 것이 무엇보다 중요하다.

🔊 '충분한 이유의 법칙'을 준수하라

모든 일에는 충분한 이유가 있다. 피고인의 결백을 밝히기 위해 변호사는 논증을 제시한다. 논증에 들어가기에 앞서 당신이 제시하는 논증의 축(준비단계에서 찾은 핵심 단어와 연계해야 한다), 인과관계의 원칙을 파악하라. 그러기 위해서 이유를 찾아내고 사실을 통해 당신의 논거를 뒷받침하라.

🔊 '충분한 이유의 법칙'을 적용하라

예를 들어, 당신은 회사에서 교육을 강화해야 한다는 점, 진정한 교육정책을 통해 소기의 성과를 이룬다는 사실을 보여주길 원한다. 이때 당신이 제시하는 논증을 체계적으로 구성하기 위해서 결론을 정당화시킬 수 있는 확고한 이유를 찾아야 한다. 그렇게 해서 당신은 다음과 같이 설득할 수 있다.

"새로운 정비부는 젊은 협력 직원들을 채용했는데, 이들은 모두 번갈아 가며 삼 개월간의 강도 높은 교육혜택을 받았습니다. 그랬더니 고객의 만족지수가 7퍼센트 올라갔습니다. 그러므로 교육에 힘써야 합니다. 우리는 어느 정도 나아졌는지 즉각 가늠했습니다. 그동안 힘써온 교육이 바로 호전된 충분한 이유가 됩니다."

🔊 모순율에 의거하라

당신의 결론을 입증하기 위해서 어떤 것은 동시에 그 역이 될 수 없다는 모순율을 토대로 논증을 해나갈 수 있다. 그 법칙은 특히 당신이 내린 결론에 유용할 것이다.

예를 들어, 당신은 협력 직원들의 효율성이 부서 구조조정 이전에 더 명백했다는 점을 입증하기를 원한다. 실제로 그 구조조정 이전에 그들은 자신들이 받아들인 파견단 덕분에 자율권이 컸다. 구조조정으로 중앙집중형 구조가 더 확대되었다. 이런 구조는 효율성과 연관된 자율권 그리고 개별 책임과 상호모순된다.

2. 논증을 유기적으로 구성하라

효율성을 위해 당신이 제시하는 논증은 몇몇 단계를 따라야 한다.

🔊 여러 정보를 서로 연계하라

어떤 사람이 발언을 할 때, 여러 아이디어를 하나하나 늘어놓는다는 인상을 받은 적이 있을 것이다. 이런 발언은 설득력을 잃는다. 이유는 청중은 아이디어 간의 연결고리를 알아차리지 못하고 당신의 의도를 제대로 이해하지 못하기 때문이다.

그러므로 명료한 발언이 중요하다.

🔊 삼단논법을 이용하라

'그런데'와 '따라서'를 이용해 문장들을 서로 연결하는 것이다.

– 삼단논법을 통해서 어떤 논리를 간단히 전개해 결론에 이를 수 있고, 어떤 한 부분을 전체에 연결해 그 부분에 대한 진실을 밝힐 수 있다. 예를 들어, "복잡한 사항은 거의 효율적이지 못하다" "그런데 노동법은 특히나 복잡하다" "따라서 거기서 나오는 결정은 적용하기가 미묘하고 까다롭다"와 같은 것이다.

말발 Upgrade

설득의 숨겨진 원동력은?

때로 중요하지 않은 단어, 일명 접속어라고 불리는 평범한 연결단어가 설득을 유도한다.

– 접속어 '왜냐하면'은 논거를 도입한다.
– 접속어 '따라서, 결과적으로'는 결론을 도입한다.
– 무엇보다 말로 전할 때 강한 힘이 실리기 때문에 논증에 더 효과적인 접속어는 바로 '그런데, 따라서'이다. 그럼에도 불구하고, ~ 인 이상, ~이기 때문에, 바로, 결과적으로 등의 다른 접속어들은 설득할 때 중요한 역할을 한다.
– 서로 상반되는 결론을 유도할 수 있는 '그러나'의 경우, 주의해서 사용하라.
  "이 식당은 음식 맛이 좋다. 그러나 비싸다"라고 말했을 때, 접속어 '그러나'는 "그곳에 가지 맙시다"라는 결론을 유도한다.
  "이 식당은 비싸다. 그러나 맛이 좋다"라고 말했을 때, 이 '그러나'는 오히려 "그래도 그곳에 갑시다"라는 결론을 유도한다.

- 훨씬 더 효과적인 논증을 위해 확인된 사실을 상대에게 맞춰가면서 사실이나 예시로 뒷받침하라("여러분이 지켜보았듯이 복잡한 사항은…"). 예를 들면, "경험분석 회의의 편성이 조기에 중단되었습니다. 그런데 우리는 연말에 종합적으로 정리해보아야 했습니다" 중도에 "여러분이 알다시피 혹은 여러분이 확인했듯이, 그렇지 않습니까?"라고 동의를 구하라. "따라서 회의를 다시 마련해야 합니다" 이것은 논리적이다. 이런 식으로 삽입을 해가며 이야기한다면 결론의 효율성을 인정하고 결론을 보강할 수 있다.

당신은 어떤 논리를 가졌는가?

1. 설득하기 위해서는 논증이 상대나 청중에게 논리적으로 보여야 한다. 다음 질문에 '예' 혹은 '아니오'로 답을 하고 당신의 논리를 명확히 판단해보라.

	당신의 논리는 어떠한가?	예	아니오
1	추론하기를 좋아하는가?		
2	논증은 일종의 게임이다.		
3	언제나 논리적인 일관성에 신경을 쓴다.		
4	추리하는 것을 아주 좋아한다.		
5	규칙적으로 당신은 논증술을 향상시키려고 애쓴다.		
6	핵심적인 논거를 찾는 데서 기쁨을 느낀다.		
7	어떤 추론이 논리적이지 않을 때, 그 추론을 포기한다.		
8	발언 내용에 신뢰성을 부여하기 위해 사실을 조사하고 수집하기를 좋아한다.		
9	입증하는 일이 두렵지 않다.		
10	변호사들의 변론을 듣는 것을 아주 좋아한다.		
11	TV 토론을 많이 시청한다.		
12	어떤 사람이 토론에서 왜 이득을 얻는지 이해하려고 애쓴다.		
13	어떤 추론에서 재빨리 오류를 찾아낸다.		
14	임기응변식의 재치 있는 대답을 잘하는 편이다.		

2. 어떤 추론을 먼저 세 부분으로 구성해보고, 그 다음에는 다섯 부분으로 구성해 논리정연하게 다음과 같은 결론을 도출해보라(도식을 만들어라).

　　a) 도로에서 속도 제한을 강화하는 것이 바람직하다.
　　b) 현재 사용하는 여러 언어의 학습은 초등학교 시절부터 의무교육이 되어야 할 것이다.
　　c) 외국에서 직무에 관련된 경험을 해봐야 한다.

자가진단의 결과를 알기 위해서는 122쪽을 참조하라.

보편적인 논거를 충분히 비축해두어라

어떤 추론을 뒷받침해주는 거의 반박할 수 없는 상투적인 생각과 세간의 지혜를 통틀어 보편적인 논거라고 한다. "우리는 모든 것을 알 수 없습니다" "인생에는 우선순위에 놓이는 사항이 있습니다" "우리는 매번 항상 성공할 수는 없습니다" "새로운 것은 언제나 관심의 대상이 될 만한 가치가 있습니다" "처음이라는 사실이 중요합니다"

흔히 나누는 상투적인 표현의 경우, 섣불리 결론짓지 않도록 조심해야 한다.
예를 들어, "이 식당은 정말로 너무 비싸다"의 경우, "절대로 그곳에 가지 마라"는 의미를 내포한다. "월요일 아침이면 나는 공항에서 절대로 택시를 찾지 못한다"는 누군가 공항에 당신을 데리러 오기를 바란다는 사실을 의미할 수 있다. 회의 시간에 배고프다고 말하면, 그 말에는 회의가 끝나기를 바란다는 뜻이 함축되어 있다.

짧은 시간 내에 설득하기 위해서 당신의 발언은 완벽하게 체계적으로 구성되어야 하며, 논리적으로 일관성이 있고 여러 사실에 의거해야 한다. 정확한 단어를 사용해야 하고, 가능한 한 상대나 청중을 끌어들여야 한다.

❶ 발언을 체계적으로 구성하라

발언을 시작하기, 주목을 끌기, 논증하기, 상대를 끌어들이기, 결론의 다섯 단계로 구상하라.

❷ 주목을 끄는 표현, 간결하고 강렬한 표현을 찾아라

핵심 문장을 다듬어 청중의 이목을 끄는 간결한 표현을 만들어라.

❸ 당신의 강점을 모두 동원하라

설득력 있는 단어를 선택하라, 멋진 비유에 역점을 두어라, 표현을 다듬어라, 불필요한 것을 제거하라. 설득력이 있는 것과 타당한 것만을 남겨두어라.

❹ 상대를 끌어들여라

당신이 발언하는 동안 계속해서 청중을 끌어들이기 위해 '우리'와 '여러분'이라는 단어를 사용하라.

❺ 논리정연하라

무엇보다도 엄격히 논리정연하라. 논증은 명료하고 엄정해야 한다. 여러 사실들로 논의를 뒷받침하라. 발언 중간중간 적합한 연결어를 넣어라.

PART 03
section
01
당신은 어떻게 아이디어를 유기적으로 구성하는가?

첫 번째 준비작업은 아이디어를 찾고, 표현을 만들고, 아이디어를 선별하는 것이다. 이제 당신은 아이디어를 유기적으로 구성하여 다섯 단계로 나뉜 계획안을 익숙하게 다루어야 한다. Section 1에서 당신에게 조언을 해준 다섯 단계는 긍정적인 시작 – 주목을 끄는 표현 – 논증 제시 – 청중 끌어들이기 – 동의를 요청하는 결론 단계다. 이 테스트를 통해 자신의 습관을 제대로 살펴보고 발언을 조정해 나갈 수 있을 것이다.

당신이 12개 이상 '항상' '때때로' 라고 답했다면 전개과정을 조율하는 문제를 지나치게 염려하고 있다. 당신은 상당히 직관에 의존하고 규율은 거의 지키지 않는다. 두려움에 사로잡혀 있거나 별다른 의식이 없는 당신은 단계별로 전개하는 계획안의 필요성에 대해 굳은 믿음을 가져야 한다.

그리고 8개 이상 '항상' '때때로'라고 답했다면 비록 따라야 할 단계를 머릿속에 담아두고 있다고 해도 거기서 벗어나는 경향이 있다.

또, 당신이 10개 이상 '드물게'라고 답했다면, 당신은 당신의 발언을 유기적으로 구성한다. 그러므로 각각의 단계를 재검토하면서 자신을 향상시켜 나갈 수 있다.

당신의 말이 명료하고 상대가 당신의 추론을 주의 깊게 듣고 전개 논리를 이해하며, 논거의 일관성이 크게 부각되기 때문에, 매번 상대가 편안하게 경청할 때마다 그 발언이 성공했거나 거의 성공했다는 사실을 확인했다.

그리고 논리적인 추론방법을 통해 사고력을 훈련할 수 있으며, 당신이 제시하는 논증에 신빙성과 강한 개연성을 부각시킬 수 있다는 것도 알았다. 그리고 논제에 가능한 한 명료한 일관성을 부여하도록 노력함으로써, 당신의 추론이 어디에서 시작되는지(당신의 전제) 그리고 당신이 어떻게 아이디어를 연계시키는지 다른 사람들이 알고 이해할 수 있도록 하라. 이 테스트를 통해 당신은 논리력 훈련에 얼마나 적합한 성향인지 가늠할 수 있을 것이다.

당신이 10개 이상 '예'라고 답했다면, 당신은 논리정연한 추론을 편하게 생각한다.

당신이 10개 이상 '아니오'라고 답했다면, 당신은 일관성과 논리에 대해 다소 우려하고 있다. Section 4를 주의 깊게 다시 읽고, 경우에 따라서는 다른 도서를 통해 더욱 철저히 논증을 제시하는 방법론을 익혀라.

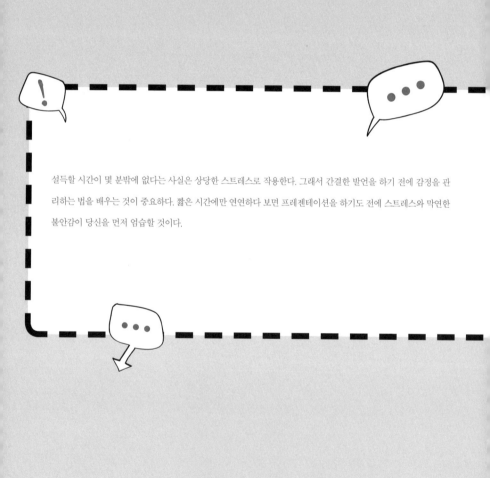

설득할 시간이 몇 분밖에 없다는 사실은 상당한 스트레스로 작용한다. 그래서 간결한 발언을 하기 전에 감정을 관리하는 법을 배우는 것이 중요하다. 짧은 시간에만 연연하다 보면 프레젠테이션을 하기도 전에 스트레스와 막연한 불안감이 당신을 먼저 엄습할 것이다.

말발의 귀재는
감정을 관리한다

?

section
01

스트레스와
막연한 불안감을 관리하라

설득할 시간이 몇 분밖에 없다는 사실은 상당한 스트레스로 작용한다. 그래서 간결한 발언을 하기 전에 감정을 관리하는 법을 배우는 것이 중요하다. 짧은 시간에만 연연하다 보면 프레젠테이션을 하기도 전에 스트레스와 막연한 불안감이 당신을 먼저 엄습할 것이다.

1. 객관적인 태도를 가져라

전부 다 망칠 것이라고 생각한다면 프레젠테이션을 실패할 가능성은 더 커진다. 당신은 상대가 즉각적으로 거부반응을 보일까 봐 지레 겁을 먹기 때문에 스트레스를 받고 막연히 불안감을 느낀다.

걱정은 자동적으로 부정적인 생각을 유발하기 때문에 심리적으로 해롭다. 부정적인 생각은 오로지 위기 상황과 잘 진행되지 않는 일에 집중되고, 모든 상황을 짐짓 부풀려 생각하게 된다. 예를 들어, 상대의 힘찬 악수를 도전의 표현으로 인지하는 것이다. 그래서 당신은 어떤 일이 벌어지면 자신에게 그 일에 대한 책임이 있다고 여긴다. 예를 들어, 청중석이 다소 소란하면 지각한 사람이 막 도착해서 그런 것일 뿐인데 당신의 발언에 뭔가 문제가 있다고 생각한다.

또 어떤 예를 인용하는 것을 잊어버리면, 바로 극단적으로 생각해 당신의 발언이 실패할 것이라고 생각해버리기도 한다. 그러므로 무의식적으로 드는 부정적인 생각을 억제할 수 있어야 한다. 그런 생각으로 인해 당신은 현실을 직시하지 못할 수도 있다.

◀)) 차분하게 대처하기 위해서 객관적인 자세를 견지하라

– 막연한 불안감과 스트레스가 당신에게 어떤 영향을 미치는지 관찰하라
  : 예를 들면, 두려움, 불편함, 패배감.

– 막연한 불안감을 갖는 이유를 찾아라
  : 적절하지 않은 순간, 상대의 호의적인 공감의 부족, 예민한 신경,

이전 경험에 대한 유쾌하지 않은 기억 등이 불안감을 조성한다.

– 긍정적인 시각에서 상황을 바라보라

: 즉, 발언 준비를 잘 했고, 당신은 상대가 재무에 관련된 논거에 대해 관심이 있다는 사실을 알고 있으며, 이미 그는 요청에 응한 적이 있다.

– 성공을 바라는 당신의 욕구에 집중하라

: 예를 들어 나는 에너지가 가득하다, 발전하고 싶다, 상대의 솔직함이 고맙다, 이번에 마무리 짓지 못하면 또 다른 기회가 올 것이라고 생각하라.

– 한 발짝 뒤로 물러서보라

: 다른 사람, 예를 들어 친구, 당신의 경영주, 교육을 담당하는 사람이나 동료가 그 상황을 어떻게 분석할 것인지 한 발 물러서서 생각해보라.

🔊 상황에 절대적으로 얽매이지 마라

이를테면 어쨌든 오늘 저녁 당신은 친구들과 극장에서 느긋하게 보낼 것이다.

이런 조언들을 따르면, 이제 즉각 떠오르는 부정적인 생각의 관점에 의거해서 현실을 판단하지 않을 것이다. 그리고 당신의 발언에는 언제나 위기상황이 도사리고 있지만, 당신은 수많은 성공 가능성을

말발 U p g r a d e

막연한 불안감의 실체는 무엇인가?

여러 사람들 앞에 나서기 전이나 어떤 일을 시작하기 전에 두려움이나 막연한 불안감을 느끼는 경우가 있다. 그런 불안감에 대해 좀 더 자세히 알아보자.

의사들은 이 불안감을 일을 수행하기 전에 느끼는 걱정의 일종으로 생각하고, 심리학자들은 사회성과 연관된 공포증의 하나로 분류한다. 설득을 목적으로 짧게 말을 하는 경우, 전형적으로 이런 불안감이 유발된다. 이런 불안감을 일으키는 데에는 세 가지 이유가 있다.

1. 유년시절부터 정착된 일종의 조건반사다. 당신은 다른 사람들에게 평가받는 것을 두려워하기 때문에 말하기를 두려워한다.
2. 뭔가 취약하다고 느끼기 때문에 이런 불안감이 유발된다. 당신은 완벽하길 원하는 것이다.
3. 패배에 대한 일종의 강박증과 죄책감에서 비롯된다. 강박증은 패배에 대한 두려움을 참을 수 없어 생기는 것이고, 죄책감은 성공에 대한 부모의 지나친 기대와 연관된다.

이런 불안감은 억압기제로 작용하기 때문에 위험하다. 그 표현 양상은 다음과 같다.

– 위험, 위기, 패배에 대한 두려움, 속박감에 집중된 부정적인 생각
– 가슴 두근거림, 호흡 곤란, 발한, 현기증, 전율, 입이 마르는 증세와 같이 몸에 나타나는 각종 증상들
– 회피하려는 태도

뚜렷이 꿰뚫을 수 있을 것이다.

2. 마음의 준비를 하라

효율적으로 마음의 준비를 하기 위해서 머릿속으로 떠올려보는 방법을 꾸준히 실천해보라. 준비하는 동안 계속해서 당신의 모습을 그려볼 수 있기 때문에 특히 간결한 발언을 준비하는 경우에 알맞다. 발언 이틀 전이나 한 시간 전에 이런 훈련을 해보고 그 이점을 체감해보라. 머릿속으로 떠올려보기 위하여 다음의 단계를 준수하라.

- 조용히 자리를 잡고 긴장을 풀어라.
- 주변 환경, 발언 상황, 그리고 영화 속 등장인물들처럼 당신의 발언에 참여하는 사람들을 떠올려보라.
- 심호흡을 하면서 느긋한 마음을 가져라.
- 긴장상태를 평가해보라. 그리고 머릿속에 떠오르는 부정적인 생각을 확인하라.
- 두 눈을 감고 당신이 준비한 주요 단계, 즉 시작 부분, 논지의 전개, 논증 부분을 염두에 두면서 당신의 발언문을 나지막이 읽어보라.
- 상대나 청중의 호의적인 반응을 상상하라.

머릿속으로 떠올리는 방법을 이용하는 사람들은?

스포츠 분야에서, 특히 정확한 동작이 필요한 사람들이 이 방법을 이용한다. 테니스 선수들, 넓이뛰기나 높이뛰기 선수들, 던지기 선수들, 그리고 카레이서 같은 선수들은 전문가들의 조언을 받아 활용했으며, 오늘날에는 자율적으로 이런 유형의 준비작업을 실시하고 있다. 이 방법이 널리 인정받기 전에, 서커스단의 곡예사들이나 손재주를 피우는 광대들은 이미 직관적으로 훈련 전에 이런 유형의 집중법을 활용했다.

- 당신의 긴장상태를 다시 평가해보라. 머릿속으로 떠올려보면 부정적인 생각은 줄어든다.
- 긴장을 풀고 원래 상태로 돌아와라.

규칙적으로 이렇게 하면서 당신은 모든 위기 상황을 고려할 수 있다. 성공 사례에 자신을 투사해볼 수 있기 때문에 효율성이 현저하게 높아질 것이다.

당신의 막연한 불안감을 평가해보라

진지한 태도로 각각의 질문에 답해보라.

	체 크 리 스 트	결코	때때로	자주	항상
1	사람들에게서 평가받는 것을 두려워한다.				
2	자신에게 다른 사람이 좋아하지 않는 무언가가 있다고 생각한다.				
3	자신이 많은 실수를 저지를 것이라고 생각한다.				
4	다른 사람을 적으로 인지한다.				
5	거북한 상황에서 당신을 벗어나게 해줄 일이라면 뭐든 다 찾는다.				
6	분당 심장박동수가 점점 빨라져서 불안하다.				
7	말할 내용을 잊어버릴까 봐 두렵다.				
8	대개 당신의 발언을 충분히 준비하지 않았다고 느낀다.				
9	누군가를 설득해야만 하는 상황을 좋아하지 않는다.				
10	뜻밖의 난처한 일이 생기면 대처할 수 없을 것이라고 생각한다.				
11	상대에게는 항상 무언가 비판할 거리가 있을 것이라고 생각한다.				
12	청중을 지루하게 할까 봐 두렵다.				
13	발언을 시작하면, 말할 내용을 제대로 알고 있는지 확신하지 못한다.				
14	여러 사람들 앞에서 말하기도 전에 자신이 잘 못할 것이라는 사실을 알고 있다.				
15	발언하는 내내 긴장할까 봐 두렵다.				

자가진단의 결과를 알기 위해서는 156쪽을 참조하라.

호흡을
관리하라

막연한 불안감과 스트레스 관리에서 더 나아가 호흡관리법을 익히면 사람들 앞에서 발언을 할 때 더욱 편안한 마음을 갖게 될 것이다. 사실상 호흡은 감정을 드러낼 뿐만 아니라, 발언을 하는 몇 분 동안 청중의 주의를 환기시키는 데 필수불가결하다.

1. 호흡을 조절하라

우리의 의사나 의향이 신체기관의 여러 기능에 영향을 미칠 수 있는데, 그런 기능 가운데 하나가 호흡 기능이다. 호흡을 할 때, 당신은 머리와 복부 사이에 어떤 관계를 설정하게 된다. 그것은 혈액순환, 심장박동과 유기적으로 결합해 신체의 여러 기능을 제어해 나간다. 추위를 느낄 때 호흡을 제대로 하지 못하며, 걱정하고 초조해할 때 호흡에 장애를 느낀다.

이렇듯 당신의 호흡 리듬은 상대나 청중의 호흡 리듬에 상당한 영향을 끼친다. 만약 긴장되어 호흡이 급격하고 불규칙하다면 청중을 거북하게 할 우려가 있다. 만약 숨을 참는다면 당신은 청중을 불편하게 할 우려가 있다.

🔊 호흡을 잘하기 위해서는,

입으로 공기를 마시고 배를 내밀면서 깊이 숨을 들이마셔라. 그런 다음 말을 하고 난 후, 숨을 내쉬어라. 이때 청중도 숨을 쉬고, 몇 초간 마음을 가다듬게 될 것이다.

2. 적절한 호흡법을 연습하라

🔊 올바른 호흡방식을 익혀라

사람들 앞에서 발언을 하기 전에 긴장을 풀고 마음을 가다듬기 위해서 당신의 호흡에 집중하라. 우리는 보통 충분히 호흡에 전념하지 않는다.

– 입을 살짝 다물고 코로 천천히 숨을 들이마셔라.

– 몇 초간 호흡을 멈추어라.

– 천천히 숨을 내쉬어라.

🔊 한 손은 배 위에, 다른 한 손은 가슴 윗부분에 두고,

– 숨을 들이마실 때 배 위에 놓인 손이 위로 올라가고, 내쉴 때 아래로 내려가도록 유의하라.

– 가슴 윗부분은 움직이지 않게 주의하라.

들이마신 숨의 80퍼센트가 당신의 뇌에 양분을 제공하는 데 쓰인다는 사실, 그리고 제한된 시간 내에 설득하기 위해서 당신에게는 당신의 모든 능력이 필요하다는 사실을 기억하라.

3. 발언의 흐름에 맞게 호흡하라

청중의 주의를 계속 환기시키기 위해서는 호흡을 관리하고 제어해야 한다. 호흡은 발언의 주요 단계를 표시하고 발언에 리듬감을 주기 위해 아주 중요하다.

🔊 들이마시기, 잠깐 멈추기, 내쉬기, 이 세 단계의 호흡을 발언의

세 단계에 맞춰라

- 에너지를 충전하기 위해 숨을 들이마셔라. 이 순간은 다른 사람을 바라보고 청중을 관찰하는 때다.
- 일시적으로 호흡을 멈출 때는 한 발 뒤로 물러서 어떤 대응책을 마련할 준비를 하거나 마지막으로 아이디어 간의 연계를 생각하기에 좋다.
- 자유롭게 말하고 행동하면서 숨을 내쉬어라. 이 순간은 당신이 몸을 움직이고 논증을 하고 행동하는 때다.

🔊 발언에 리듬감을 주어라

적절히 호흡할수록 불안감으로 인한 강박감은 줄어든다.

- 차분히 호흡하라. 당신의 문장은 보다 간결해질 것이며 특히 말 없이 짧게 쉬어줌으로써 아이디어를 더 명확히 밝힐 수 있다.
- 깊이 들이마셔라. 이로써 당신은 문장을 끝까지 제대로 말할 수 있다.
- 시간을 내어 숨을 들이마셔라. 그러면 잠시 쉬어갈 수 있다. 비록 아주 짧긴 하지만 이렇게 쉬면서 서두르지 않고 발언에 리듬감을 주게 된다.

'단전'을 느껴보라

배꼽과 치골 사이에 위치한 몸의 중심을 '단전'이라고 부른다. 단전은 호흡에 아주 중요하다. 단전을 느껴보기 위해서 다음과 같은 훈련을 시도해보라.

– 두 다리를 벌리고 서 있어라.
– 두 발을 골반과 수직으로 두고, 약간 바깥쪽으로 향하게 하라.
– 무릎을 약간 구부려라.
– 심호흡을 하라. 그리고 힘 있게 '아'라고 말하면서 세차게 숨을 내쉬어라.
– '아'라는 소리가 일명 단전이라고 불리는 부위에서 나온다고 느낄 때까지 그렇게 하라.
– 그 느낌을 잘 새겨두기 위하여 다섯 번 반복하라.

차분함은 당신의 강점이다

간결하고 타당한 발언을 하기 위해서는 한결같이 침착하고 차분해야 한다. 느릿한 동작을 하고, 말의 속도를 적절히 조절하고, 안정된 자세를 취하고, 침착한 시선을 띠는 등 뭐든 주의를 기울여 호흡 관리와 관련한 태도를 받아들인다면 더욱 차분해질 것이다.

게다가 들숨과 날숨은 호흡계와 소화계의 접합 부분에 위치하는 태양신경총을 지속적으로 마사지해주는데, 이 태양신경총은 감성을 조절하는 데 관여한다. 배로 깊이 들이마시고 규칙적으로 날숨을 관리해주면 그 부위는 확고하게 마사지를 받을 수 있으며, 보다 편안한 느낌을 갖게 돼 흥분하지 않고 차분하고 신중하게 말할 수 있다.

15분 동안 몸과 마음을 이완하라

호흡 조절은 물론, 목과 어깨 등을 이완해야 전체적으로 완전히 긴장을 풀린다.

호흡을 잘하기 위해서는,

1. 의자 위에 똑바로 앉아 앞쪽으로 멀리 시선을 두면서 두 눈을 감아라.
2. 두 손을 무릎 위에 평평히 두어라. 어깨와 목에는 힘을 주지 않는다.
3. 코로 깊이 숨을 들이마셔라. 그런 다음 배를 집어넣으면서 입으로 숨을 내쉬어라.
(새로 시작하기 전에 30초 정도 간격을 두고 이 과정을 다섯 번 반복하라.)

목의 긴장을 풀기 위해서는,

1. 의자 위에 앉아 등을 똑바로 하고 두 손을 무릎 위에 얹어라.
2. 머리를 앞으로 숙여 좌우로 흔들어라. 턱은 가슴에 가 닿아야 한다.
3. 숨을 내쉬어라.
(이 훈련을 다섯 번 반복하라.)

어깨의 긴장을 풀기 위해서는,

1. 멀리 앞을 바라보면서 의자 위에 앉아라.
2. 긴장을 풀고 두 팔을 상체 옆에 늘어뜨리고 가능한 한 어깨를 높이 들어올려라.
3. 원을 그리면서 어깨를 앞에서 뒤로 천천히 돌려라. 새로 시작하기 전에 30초 간격을 두고 네다
   섯 번 반복해서 돌려라.
4. 어깨를 뒤에서 앞으로 돌리면서 다시 이 훈련을 하라.
(이 훈련을 다섯 번 반복하라.)

등의 긴장을 풀기 위해서는,

1. 의자 위에 앉아라.
2. 어깨 높이로 두 팔을 내밀어라. 등을 둥글게 하라.
3. 목, 목덜미, 어깨 순으로 긴장을 풀어라.
4. 배를 집어넣고 엉덩이를 조이면서 천천히 다시 일어서라.

Mentoring

5. 손바닥을 바깥쪽으로 향하게 해서 두 팔을 끌어당겨라.

6. 그러고 나서 머리의 힘을 빼고 상체를 앞으로 기울여라.

7. 두 팔꿈치를 껴안아라.

(새로 시작하기 전에 30초 간격을 두고 다섯 번 반복하라.)

목소리에
의미를 부여한다

목소리는 개성의 일부분이며 소리로 전하는 서명이다. 또 당신의 느낌과 감정을 반영하고 전달하는 기능을 한다. 자, 목소리가 당신이 하는 말에 의미를 부여한다는 사실을, 때로는 당신이 이용하는 단어, 아이디어의 의미와는 또 다른 의미를 부여한다는 사실을 잊지 마라.

1. 심각한 어조로 발언을 시작하라

짧은 설득 시간에는 목소리를 연출해야 하며 몇 가지 권고사항을 지켜야 한다. 아마 이런 권고안에 깜짝 놀랄지도 모르겠다.

- 진지한 어조, 심각한 어조로 천천히 발언을 시작하라.
- 분명한 발음으로 시작 부분의 문장을 차분하게 말함과 동시에 강하게 말하라. 강한 인상을 주는 것이 관건이다. 주의를 끌고 발언에 무게감을 주는 것이 포인트다. 어조를 통해 당신의 발언에 일말의 의심도 갖지 않고 긍정적인 결과를 도출할 것이라는 확신을 심어줘야 한다.
- 자세에 주의를 기울여라. 상체를 늘 똑바로 펴라.
- 짧게 중간중간 몇 번 쉬어줘라. 몇몇 핵심 문장 사이에 잠깐 쉬면서 호흡을 가다듬고 다시 시작하라.

2. 억양에 변화를 주어 리듬감을 살려라

리듬감을 살려가며 논증을 할 수 있게 억양과 말의 속도 변화를 고려하라.

- 처음에는 심각한 어조로 차분하게 시작하고 억양을 다양하게 바꿔가며 핵심적인 내용을 강조하라.
- 적당히 몸을 움직이면서 당신이 드는 사례에 생동감을 불어넣어라.
- 설득력 있는 단어나 표현에는 독특한 음색을 입혀라. 특히 말의 속도와 목소리의 높낮이에 변화를 주어라.

3. 발성법을 훈련하라

🔊 분명한 발음은 말하는 내용에 힘을 실어준다

대개 여러 연설이나 발표에서 느슨한 발성법을 결함으로 지적한다. 분명한 발음으로 발언하면 내용을 더 강하게 표현할 수 있고, 청중에게 힘 있게 다가갈 수 있다. 그러므로 분명하지 않은 발음으로 말하지 말고, 말끝을 흐리지 말고 정확하게 발음하라.

🔊 분절 연습을 하라

입을 크게 벌리고 아래턱, 위턱의 긴장을 풀고 입술과 혀를 움직여라. 입을 크게 움직이면서 노력해보라. 그리고 어떤 글이든 큰 소리로 읽어라. 조금씩 조금씩 올바른 발언 습관을 자연스럽게 익힐 것이다.

4. 문장을 끝맺고 나서 짧게 침묵하라

간결한 발언을 하면서 문장을 끝내고 짧게 침묵하기는 굉장히 어렵다. 사실 급한 상황엔 해치워버리려는 듯이, 호흡을 가다듬지도 않고 빨리 다 말하려는 경향이 있다. 그런데 이런 실수를 할 경우, 호흡이 잦아들면서 목소리가 작아진다. 이런 전형적인 함정에 빠지지 않기 위해서 다음과 같은 훈련을 하라.

- 말의 속도를 늦춰라.
- 문장을 끝맺고 나서 짧게 침묵하라.
- 문장이 끝날 때 호흡을 하고 다음 문장을 차분히 시작하라.

잠시 말을 멈추고 리듬에 변화를 줌으로써 상대는 다시 주의 깊게 관심을 기울일 것이다. 침묵이 당신의 발언에 무게감과 영향력을 실어주는 효과를 가져올 것이다.

5. 단호한 어조로 발언을 끝맺어라

결론을 짓기 위해서는 더욱더 단호하게 말하라.

🔊 목소리를 낮춰라, 속도를 늦춰라, 단호하게 말하라

목소리를 통해 당신이 자신을 믿고 있다는 사실, 신념을 함께 나누고 싶다는 소망을 전달해야 한다. 이때 목소리를 떨거나 낮은 어조로 말해서도 안 되고 힘 없이 끝맺어도 안 된다. 당신은 당신 자신을 확실히 믿어야 한다.

– 목소리는 당신의 느낌과 감정을 반영한다

발언을 할 때 다양하게 변하는 목소리는 감정과 느낌을 표현한다. 목소리의 음색, 목소리의 높낮이, 멜로디 곡선, 말하는 속도, 분절의 정확도(긴장됨, 느슨함, 빠름, 느림) 그리고 음향에너지(호흡강도)가 다양하게 변화하는 것이다. 상대나 청중은 다음과 같은 세 가지 경향에 따라서 이러한 변화를 해독할 것이다.

- 말에 포함된 의도 : 예를 들어 의심, 확신, 자신감, 단호함, 차분함.
- 말에 담긴 기분 : 예를 들어 친절함, 상냥함, 화, 짜증, 적대감.
- 당신을 자극하는 내밀한 감정 : 예를 들어 즐거움, 열정, 두려움, 분노, 슬픔, 근심.

– 목소리는 잘 가꿔야 할 소중한 악기다

소리는 후두에서 만들어지는데, 이 후두는 세 부분으로 구성된다.

- 깔때기 모양의 입구, 즉 후두개로 성대에 의해 닫힌다.
- 후두의 협착 부위에 위치하는 성대(4개의 인대)
- 기관(氣管)에서 후두에 이르는 성문 부위.

호흡기 중에서 흉곽, 횡경막, 폐를 덮고 있는 막은 송풍기의 역할을 하며 진동을 만들어낸다. 목구멍 입구, 입, 비강, 입술과 이 사이의 공간을 지칭하는 순강(脣腔)은 공명기로 소리 조절을 하는 인두의 역할을 돕는다. 이런 장치들이 목소리에 다음과 같은 기본적인 속성을 부여한다.

- 음색
- 진동 주파수(어조의 높낮이)
- 진폭(목소리의 강도)

🔊 상대가 메시지를 납득하게 심각한 어조로 말하라

　그렇게 하면 당신은 억양에 변화를 준 목소리의 힘을 빌려 당신의 의도를 표현할 수 있다.

성대를 길들이는 법을 배워라

최대한 성대가 자유롭게 움직일 수 있게 최적의 여건을 만들면서 발언하라.

1. 등을 세워라. 골반은 신체 중심에 두고 두 발은 평평하게 약간 벌린 상태로 등을 바르게 펴야 한다. 그렇게 하면 주요 호흡기 근육인 횡경막이 아주 원활하게 작동한다.

2. 스트레스와 긴장은 목소리를 변형시키기 때문에 말하기 전에 긴장을 풀어라. 눈을 감아라. 당신의 긴장감을 확인하라. 힘 있게 복식호흡을 하라(숨을 들이마시면서 배를 내밀고 내쉬면서 배를 집어넣어라).

3. 어깨를 내려라. 그리고 두 손을 아래로 끌어당겨라. 성대가 위치해 있는 후두는 가능한 한 유연해야 한다.

4. 입을 크게 벌리고 다양한 표정을 지으면서 위, 아래턱의 긴장을 풀어라. 팔꿈치를 탁자 위에 대고 손가락으로 턱을 마사지하라. 그러고 나면 당신은 더욱더 분명하게 발음할 수 있다.

5. 목과 턱의 각도를 90도로 맞추어라. 당신이 턱을 올리면 후두가 위쪽으로 당겨 올라가고, 말하면서 머리를 숙이면 후두가 짓눌리게 된다. 머리를 돌릴 경우, 후두가 비틀리지 않게 상체도 함께 따라 움직이도록 유념하라.

6. 성대를 워밍업하라. 목소리는 악기와 같다. 목소리에 친숙해져라. 콧노래를 부르고, 소리 높여 말하고, 발언의 시작 부분을 흥얼거려라. 소리 내는 것을 두려워하지 마라. 입을 다물고 '음, 음' 소리를 내고, 입술을 벌려 '이'라고 힘 있게 발음해보라.

당신은 목소리에 온갖 주의를 기울여야 한다. 그러므로 많은 수련을 통해 목소리를 제대로 제어하는 법을 배우길 바란다.

몸의 표현도
커뮤니케이션과 직결된다

몸이 표현하는 것도 커뮤니케이션의 일부이므로 신체표현에 유의해야 한다. 발언이 간결하면 할수록, 당신의 몸이 표현하는 것과 말은 상호간에 더욱 혼연일체를 이루어야 한다.

1. 느림을 중시하라

당신이 어떤 회의에서 신속한 발언을 해야 하거나 얼굴을 맞대고 상대에게 신속하게 말을 해야 할 경우, 차분함과 자기통제는 가장 좋은 지원군이 된다. 부족한 시간이 오히려 조급하게 서두르게 유도하기 때문에 자기통제와 차분함이 선험적으로 어렵다고 생각할지도 모른다. 그래서 침착하지 못하고 흥분하는 태도가 생겨나는 것이다.

몸동작은 말의 속도와 조화를 이뤄야 한다. 따라서 느리고 여유 있는 동작과 청중이나 상대를 향한 동작에 더 비중을 두어야 한다.

2. 머리를 똑바로 들어라

곧추선 수직형의 자세가 아주 바람직하다. 구부정한 등, 움츠리거나 숙인 머리 등 의기소침한 자세는 열정과 자신감 부족, 강한 의존 성향을 의미한다. 어쩔 수 없이 따르고 스스로 방어막을 치는 것과 같다. 머리는 똑바로 들어야 하며, 그렇게 해서 당신은 자신감을 표현할 수 있다.

🔊 이렇게 바른 자세를 유지하기 위해서는,

- 두 발을 바닥에 바싹 붙여놓도록 유의하라.
- 두 다리를 교차시키지 마라.
- 발끝으로 서지 마라, 두 발을 포개지 마라.

가능한 한 가장 안정감을 느끼는 자세를 취하라. 그렇게 하면 곧추선 자세를 잘 유지할 수 있으며, 그렇게 함으로써 자신감과 결의를 드러낼 수 있다.

3. 바닥에서 지지대를 찾아라

발언을 할 때, 책상 위에 한 손을 확고하게 놓아두면 든든한 버팀목이 된다. 혹시나 앉게 된다면 의자에 등을 기대고 안쪽 깊숙이 반듯하게 앉아라.

서 있다면, 두 발을 평평하게 하고 약간 다리를 벌려 바닥에서 최선의 지지대를 찾도록 하라. 곧추선 자세의 균형감을 느낄 수 있도록 발은 옆으로 벌리지 않고 직각으로 두어야 한다.

4. 시선 처리를 잘하라

🔊 말하기 전에, 시선으로 상대의 관심을 자극하라

상대의 관심을 사로잡기 위해서 눈길을 주고받는 것은 아주 중요하다. 서커스 무대에 등장하는 광대를 생각해보라. 그는 몇 초만에 관객의 주의를 사로잡는데, 그의 눈빛이 이미 관객에게 말을 걸고 있기 때문이다.

🔊 지나친 몸짓이나 표정을 삼가라

지나친 얼굴 표정은 집중력 부족을 드러낸다. 놀라는 표정을 나타내기 위해 눈썹을 올린다든지, 만족감을 드러내기 위해 머리를 끄덕

이는 등 정형화된 표정을 짓지 마라.

5. 진지한 태도로 임하라

목소리를 낮추면서 꽤 심각한 어조로 발언을 시작해야 함과 동시에, 진지한 얼굴 표정을 지어야 한다는 사실을 유념해야 한다. 그리고 다음 세 가지를 주의하라.

🔊 웃지 마라

웃으면 지나치게 상냥하거나 친절해 보일 것이고, 그러면 상대는 쉽사리 당신의 요청을 '상냥하게' 물리치거나 별다른 어려움 없이 논증을 반박할 것이다.

강한 영향력과 확실한 지배력을 갖고 시작해야 한다. 공격성을 띠지 않으면서 한곳을 뚫어져라 응시하라. 얼굴 표정의 긴장을 풀고 입술은 약간 앞으로 내밀어 꼭 다문 상태에서 집중하라.

🔊 과감히 불만이 있는 듯한 표정을 지어라. 그리고 시작 단계에서 지나치게 호의적인 태도를 보이지 마라

당신은 당신이 말할 내용을 '앞으로 내던진다고' 생각해야 한다. 그러고 나서 주목을 끈 다음, 당신은 활력을 실어 논제를 세심하게 표

현하면서 생동감 넘치는 주장을 펼칠 수 있을 것이다. 자연히 열의
가 뒤따르도록 하라.

발언을 끝맺을 때는 다시 결연한 얼굴 표정과 함께, 특히 단호
한 눈빛을 띠면서 마무리하라

그러면 당신이 상대의 동의를 기다린다는 사실을 깨달을 수 있을
것이다.

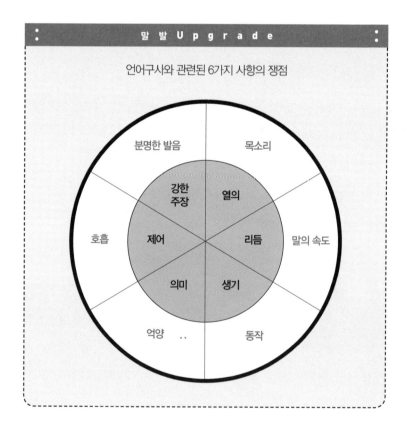

말발 **U p g r a d e**

언어구사와 관련된 6가지 사항의 쟁점

말에 힘을 실어주기 위해서 목소리와 동작을 충분히 이용하는가?

다음 질문에 예 혹은 아니오로 답하시오.

1	대체적으로 당신이 말을 할 때 사람들은 당신의 말을 잘 알아듣는다.		
2	당신은 반사적으로 말을 아주 분명하게 발음한다.		
3	억양에 변화를 준다고 느낀다.		
4	말을 할 때 특히 손을 많이 움직인다.		
5	말을 할 때 몸이 오그라드는 것 같다.		
6	쉽게 상대를 쳐다보지 못한다.		
7	말을 빨리 한다.		
8	말을 할 때, 어깨가 올라가고 가슴이 부풀어 오른다.		
9	때때로 숨이 가쁜 상태에서 말을 끝맺는다.		
10	손을 얼굴에 대고 말을 한다.		
11	말을 할 때 물건을 만지작거린다.		
12	종종 날카로운 목소리를 낸다.		
13	말을 할 때 고개를 숙인다.		
14	오히려 느리고 상당히 여유 있는 동작으로 이야기하기를 좋아한다.		
15	마음을 느긋하게 가져 청중에게 호의적으로 보인다.		

자가진단의 결과를 알기 위해서는 157쪽을 참조하라.

설득에 유리한 색상을 선택하라

색상은 우리의 태도나 행동, 우리가 머릿속으로 그리는 상상의 세계에 영향을 미친다. 몇 분 안에 설득하기 위해서는 발언 당일 입을 의상을 선택할 때 색상의 의미를 고려하는 것이 훨씬 유리하다.

단연 푸른색 계열의 색상이 제일 좋다. 푸른색은 18세기부터 유럽에서 선호하는 색상이다. 푸른색은 공감을 일으키고 지지를 끌어낸다. 그리고 지혜와 이성을 함축한다. 푸른색의 강점은 안정성이며 신뢰와 합일을 이끌어낸다.

- 흰색 : 맑고 순수하고 정갈하고 선명한 그 무언가를 전달한다. 또 단호함, 더 나아가 완강함을 부여해준다.
- 검정색 : 검은 색상의 옷을 입으면 당신은 더 예리하고 신랄해 보인다. 검은색은 세련미와 우아함을 보장해준다. 그렇지만 검은색에는 이중의 가치가 내포되어 있는데, 위반, 불복종의 의미도 상징한다.
- 초록색(희망, 그러나 위선, 불안정, 무질서), 오렌지색(저속함), 밤색(부정적인 의미), 회색(우수), 분홍색(무례함), 빨간색(오만, 야망, 힘) 의상은 피하는 것이 좋다.

당신의 신체가 커뮤니케이션 훈련에 관여한다는 사실을 이해했다. 그러므로 자신이 갖고 있는 최선의 강점을 다 동원해야 한다. 다시 말해, 호흡을 잘하고 바른 자세를 취하며 목소리에서 끌어낼 수 있는 모든 가능성을 다 이용해야 한다.

❶ 막연한 불안감을 받아들여라

두려움, 공포심 같은 부정적인 생각과 잘하고 싶은 욕구 사이에서 모든 상황을 다 고려하라. 각각의 발언 장면을 머릿속으로 그리면서, 당신의 강점을 더욱 잘 평가해보고 자신의 모습을 성공 사례에 투사해보라.

❷ 긴장을 풀고 호흡을 잘하는 법을 익혀라

차분한 태도는 유리한 쪽으로 당신을 이끈다. 차분함은 당신에게 단호함과 영향력을 부여해준다. 적절한 호흡법을 받아들이고 이완요법을 훈련하면 당신은 더욱 침착해질 것이다.

❸ 당신의 목소리를 길들여라

목소리를 낮춰 저음의 소리를 내게 하는 법, 당신의 말을 다양한 억양으로 조절하는 법을 익혀라. 그리고 말에 의미와 생기를 불어넣어라.

❹ 몸동작을 제어하라

똑바른 자세를 유지하는 법, 상대나 청중을 바라보는 법을 익혀라. 청중을 향해 제스처를 취하면서 당신의 말을 '앞으로 전달한다'고 생각하라.

PART 04
section
01
당신의 막연한 불안감을 평가해보라

만일 10개 이상 '결코/때때로' 항에 답을 했다면 당신은 그다지 자주 그런 불안감을 느끼지 않는 편이다.

만일 15개 항에 '결코'라고 답했다면 당신은 위험한 상태다. 사라 베르나르가 말했듯이 재능이 있으면 이런 불안감이 따른다.

만일 당신이 10개 이상 '자주/항상' 항에 답을 했다면, 당신의 불안감은 지나치며, 그 불안감 때문에 힘이 소진되거나 주눅이 들 수 있다.

당신의 말에 힘을 실어주기 위해서
당신은 목소리와 동작을 충분히 이용하는가?

10개 이상 '예'라고 답했다면 명백히 당신의 말에 맞춰 몸을 조절하는 데 문제가 있다. 당신은 그 둘을 함께 맞춰가는 일에 대해 자문해보아야 하며, 말하고 싶은 내용을 뒷받침하기 위해 몸동작, 억양, 표정을 활용해야 한다. Section 3을 다시 읽어라. 그리고 먼저 혼자서 연습을 해보고, 그 다음에는 비디오 카메라로 당신의 모습을 녹화해보라.

당신이 10개 이상 '아니오'라고 답했다면 당신은 잘 해나가고 있다. 자연스러운 태도, 정확한 동작을 연습하라. 그리고 호흡에 늘 주의를 기울여라.

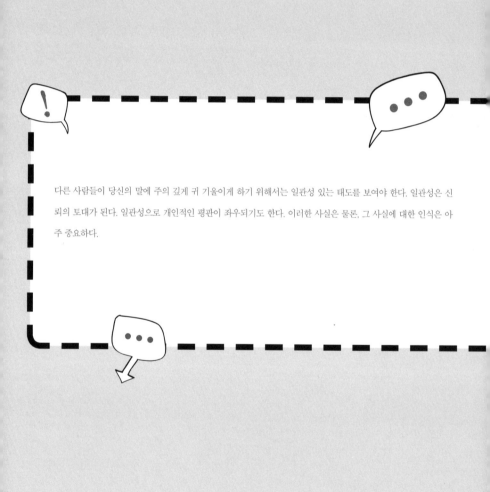

다른 사람들이 당신의 말에 주의 깊게 귀 기울이게 하기 위해서는 일관성 있는 태도를 보여야 한다. 일관성은 신뢰의 토대가 된다. 일관성으로 개인적인 평판이 좌우되기도 한다. 이러한 사실은 물론, 그 사실에 대한 인식은 아주 중요하다.

말발의 귀재는
신념이 확실하다

당신의 신념을 분명히 밝혀라

설득할 수 있는 가능성을 높이기 위해서 무엇보다 스스로 말하는 내용을 굳게 믿어야 한다. 신념은 성공을 강력히 지지해주는 지렛대다. 신념은 직관, 믿음, 확신에 비해 발언 준비작업, 체계적인 구성작업과 나란히 정성스럽게 다듬는 작업을 병행하면서 생긴다.

1. 비판적으로 검토해보라

개인적인 신념을 뒷받침해주는 것은 신뢰도와 정당성이다. 이 두 가지를 지렛대 삼아 상대나 청중의 지지를 얻을 수 있다. 그 두 지렛대를 제대로 보유하고 있는지 알아보기 위해서 직접 비판적으로 검토해보라.

합당한 근거를 가지고 설득하라

당신은 회의 시간에 발언을 해야 하며, 어떤 것을 논증하거나 무언가를 요청하길 원한다. 당신의 말을 듣는 사람들에게 정당성을 보여주기 위해서는 다음과 같은 조언을 따라야 한다.

- 당신의 발언이 어느 정도 정당한지 항상 기억해둬라.
- 당신의 논거, 증언이나 예시를 다 모아두었다면 그것들을 하나하나 점검해보라.
- 선별해놓은 내용을 비판적으로 검토하라.
- 선별작업에 대해 만족한다면 마음속에서 어느 정도의 신념이 솟아나는 것을 느낄 수 있을 것이다.
- 당신의 신념을 내보일 수 있도록 경험으로 논의를 뒷받침하라. 신념은 정확한 사실, 그리고 믿을 만하다고 생각하는 내용으로 뒷받침되어야 한다. 그래야만 설득할 수 있다.

신뢰도를 보강해주는 표현을 써라

발언의 주요 단계에 당신의 신뢰도를 더욱 부각시키면서 신념과 소신을 직접 표현하라.

• • •

'신념'이란 무엇인가?

철학자들에게 신념은 믿음, 직관, 경험이 꽤 복합적으로 뒤얽힌 것이다. 그렇다고 해서 신념을 주관성의 문제로만 치부할 수는 없다. 신념은 진실, 사실, 현실과 연결되어 있다. 확실히 신념은 감성적인 동기보다 합리적인 동기에서 생겨난다. 그렇지만 신념은 오류의 가능성이 인정되기 때문에, 그 신념을 확신이라고 할 수는 없다. '신념을 갖는 것,' 그것은 주어진 상황에서 아주 강력한 이유를 토대로 어떤 사실을 단언할 수 있다고 판단하는 것이다. 그런 의미에서 '신념을 표현하는 것'은 스스로 책임을 지는 것이며 직접 관여하는 것이다.

- 직접적인 표현으로 당신의 신념을 분명히 밝혀라. 예를 들어, "저는 ~을 굳게 믿고 있습니다" "저에게는 ~와 같은 신념이 있습니다"
- '우리'라는 대명사를 사용하면서 청중을 끌어들여라. "우리는 ~이 확실하다고 생각합니다"
- 다양한 표현으로 신념을 밝혀라. 예를 들어 '~을 믿다' '신뢰하다' 혹은 '~의 필요성을 믿다'

다음의 예처럼 '정당한'이라는 단어에도 신념의 의미가 담겨 있다. "우리는 ~가 정당하다고 생각합니다"

2. 청중에게 도움이 되는 신념을 가져라

모든 것이 당신의 개인적인 신념에서 출발한다고 해도, 다른 사람들을 고려하지 않을 수 없다. 청중을 설득하기 위해 당신은 다음과 같은 노력을 해야 한다. 다시 말해 청중에게 발언의 필요성을 증명하고 그들에게 무언가를 보장해주어야 한다.

🔊 발언의 필요성을 증명하라

청중이나 상대는 제시하는 내용이 명백하고 자신에게 필요하다고 생각하면 당신의 말에 주의를 기울일 것이다.

- 결론을 정당화하기 위해서 단호하게 가장 명료한 설명을 제시하고, 경험을 통해 정당성을 밝히면 청중은 명백하다고 생각한다.
- 권고안을 따를 경우, 상대방이 얻을 수 있는 이득을 직접 보여주고 직접 관여한다면 그들은 필요성을 느낄 것이다.
- 마케팅 용어로 일명 '고객 이득'이라는 개념을 받아들여라. 어떤 보장을 약속하는 당신의 논거는 단지 청중에게 유리한 이익을 인지하는 경우에 한해, 다시 말해 당신이 제시하는 논의의 유용성을 인지하는 경우에 한해서 힘을 발휘할 것이다.
- 당신은 상대가 당신의 결론을 주의 깊게 들어야 할 필요성에 대해 굳게 믿고 있어야 한다.

말발 Upgrade

직관에서 확신까지

직관도 아니고, 믿음도 아니며, 확신도 아닌 '신념'은 이 세 가지 개념 사이에 위치해 있다.

– 직관이란?

갑자기 솟아나는 영감, 번쩍 떠오르는 생각, 아직 실재하지 않는 일에 대한 예감이다.

– 믿음이란?

당신이 안심하고 따르는 주관적인 견해다.

– 신념이란?

강력한 단언, 개인적인 경험에 의해 뒷받침된 믿음과 직관이 뒤섞인 상태다.

– 확신이란?

당신이 보유한 여러 증거에 의해 뒷받침되는 신념이다.

직관 ➡ 믿음 ➡ 신념 ➡ 확신

🔊 무언가를 확실히 보장해줘라

이것은 신념을 받쳐주는 네 번째 지렛대로 청중을 설득해 그들의 지지를 얻어내기 위함이다.

– 경험을 통해 자연스럽게 정당성을 확보하라.

- 단지 직관만을 표현하지 마라. 행동하고 실현하고 적극적으로 나서는 의지를 보여줘라.
- 기한, 만날 약속을 제시해 구체적인 실행을 예견할 수 있게 하라.
- 구체적으로 정확히 말하라. 어떤 약속을 제시할 경우, 아주 가까운 시일 내에 약속날짜를 정하라. 예를 들어 "금요일에 서류를 보내드리겠습니다" "15일에 다시 연락드리겠습니다" "회의가 재개될 경우 그 프로젝트를 소개하겠습니다"

신념은 확고하고 구체적인 것이며 일종의 약속이다. 그리고 경험과 의지는 동의를 얻어 지지를 끌어낼 수 있는 가능성을 배가시켜 줄 것이다.

당신의 신념을 분명히 밝혀라

청중의 지지를 얻어내기 위해서 개인적인 신념은 아주 중요하다. 자, 당신의 습관적인 행동에 표시를 하면서 정확히 판단해보라.

	당신의 신념은 어떠한가?	항상	때때로	드물게
1	체험을 토대로 말을 한다.			
2	당신은 제시하는 논의의 신뢰도에 대해 자문한다.			
3	우선적으로 당신이 알고 있는 것에 만족하려고 애쓴다.			
4	정당성을 느껴야 과감하게 무언가를 요청할 수 있다.			
5	어떤 논거를 증명할 수 없을 때, 그 논거를 포기할 줄 안다.			
6	내실 있는 신념을 위해 비판적으로 검토한다.			
7	애매모호한 상태를 좋아하지 않는다.			
8	기한을 미리 못박아둔다.			
9	강압적으로 다른 사람들의 동의를 구한다.			
10	자신을 이해시키기 위해 강하게 주장할 수 있다.			
11	필요하다면 과감히 의구심을 표현한다.			
12	논증하기 위해 증거 수집하기를 좋아한다.			
13	성공하기 위해서 상당히 자기 자신을 바친다고 느낀다.			
14	열의를 갖고 진실을 추구한다.			
15	신념을 가진 사람들을 높이 평가한다.			

자가진단의 결과를 알기 위해서는 192쪽을 참조하라.

잘나가는 사람들은
확신이 있다

지지를 얻어내는 사람들은 과감히 착수하고 위험을 감수하며 주도적으로 나서는 이들이라는 사실을 앞서 확인했다. 그런 사람들을 우리는 카리스마가 있다고 말한다. 어쩌면 당신은 카리스마가 부족하다고 생각할지도 모른다. 그러나 이 책에 소개된 조언을 따르면 자신의 모습을 향상시킬 수 있다.

1. 자신에 대해 분명히 알아라

상대나 청중이 당신의 신념을 이해하고, 그 신념에 귀 기울일 수 있게 발언하고 싶다는 마음을 가져야 한다.

🔊 당신의 욕망을 스스로에게 물어보라

깊이 성찰해보지 않더라도 발언을 하기 전에, 당신의 느낌과 감정을 정확히 판단해보아야 한다.

– 정말 이 문제를 다루고 싶고, 이 프로젝트에 대해 말하고, 이런 요청을 제기하고 싶은가?

: 만약 당신의 대답이 '아니오'라거나 미온적이라면, 억지로 그렇게 하려고 애쓰지 마라. 당신은 결코 설득할 수 없을 것이다.

– 이것이 당신에게 필요한가?

: 만약 '아니오'라거나 '꼭 그렇지만은 않다'는 답이라면 다른 일로 넘어가라. 만약 '예'라는 답인데 당신이 조금 걱정을 하고 있다면 그건 좋은 징조다. 이 발언은 당신에게 가치 있다는 사실을 입증해준다.

🔊 자신에게 거짓말하지 마라

무언가를 욕망하지 않는다고 해서 비난받을 일은 아니다. 그저 준비가 안 돼 있고 지금은 때가 아닐 뿐이다.

– 당신의 욕망을 스스로 물어보라. 그러면 다음과 같이 당신 자신

'카리스마'란 무엇인가?

이 용어는 기독교 언어에서 차용되었는데(사도 바울은 연설 재능, 지혜, 치유할 수 있는 능력을 지칭할 때 카리스마라는 말을 썼다) 오늘날에는 영향력이나 지배력, 일단의 사람들을 동원할 수 있는 능력을 지칭한다. 리더들은 카리스마를 가지고 있고 통찰력이 있으며, 의미를 부여하고 미래에 대해 이야기한다. '카리스마를 드러낸다는 것'은 바로 위험을 감수하는 것이며 행동으로 실천하는 것이다.

카리스마가 있으면 최선의 경우든, 최악의 경우든 강력한 힘을 발휘한다. 당신이 강하다면 사람들은 당신의 말에 주의를 기울일 것이고, 당신을 필요로 할 것이며, 당신에게 의지할 것이다. 따라서 카리스마에는 막중한 책임감, 확고한 도덕적 기반, 건설적이고 인간적이며 타인을 관용하는 통찰력이 따라야 한다.

에 대해 분명하게 알 수 있다. 즉 "이제 이 프로젝트가 머릿속에서 무르익었으니 나는 결심할 수 있고 프로젝트 발표 준비를 할 수 있다."

– 당신이 편하게 느끼지 않는 사항들에 대해서는 일절 발언할 생각도 하지 마라. 그러면 실패의 가능성과 죄책감을 느낄 여지가 사라질 것이다.

2. 전심전력을 다할 준비가 되어 있는가?

설득하기 위해서는 자신을 바칠 준비가 되어 있다는 것을 보여주어야 한다. 청중이나 상대가 당신의 말이나 표정에서 관대함과 유연함을 느낄 때, 그 사람은 흔쾌히 당신을 이해하며 동의하고 당신을 뒤따른다.

관대함을 보여줘라

발언을 할 때 모든 것이 다 완벽하지는 않다고 해도 관대함을 보여주려고 노력한다면 그것은 득이 된다. 그리고 다음과 같이 한다면 당신의 에너지는 쉽게 전달될 것이다.

- 당신의 기여도를 부각시킨다.
- 그 주제를 연구·검토했다는 사실을 보여준다.
- 어떤 약속을 예정해둔다.
- 활력 있게 논의를 펼친다.
- 메시지를 잘 전달한다.
- 청중의 눈높이에 당신을 맞춘다.

반대로 당신이 뒤로 물러나 방어막을 치고 있다면, 또 발언을 해치워버리는 인상을 주고, 믿음이 가지 않는 인상을 준다면, 그리고 서둘러 말을 끝내려는 인상을 준다면 당신은 상대방을 제대로 설득하지 못할 것이다.

🔊 유연하고 융통성 있는 태도를 보여라

유연하게 상대의 말에 귀를 기울이기 위해서 다음과 같이 해야 한다.

- 열린 마음으로 대화에 임해야 한다. 그러기 위해서 여러 견해를 참작할 준비가 되어 있어야 하며 당신의 요청, 제안이나 프로젝트를 다시 살펴보려는 마음을 가져야 한다.
- 필요하다면 제안을 수정하고 재검토하는 것도 마다하지 않아야 한다.
- 집중하고 개방적인 태도로 주의 깊게 귀를 기울여야 한다.
- 상대나 청중에게 관심을 보여주어야 한다.

반대로 당신이 거만하고 경멸하며 서두르는 듯하고, 당신의 관점이 확정적이고 단정적인 듯이 보인다면 상대는 당신이 유연하지 않다고 생각할 것이다.

🔊 에너지를 발산하라

주의를 끌기 위해 오히려 심각하고 진지한 어조로 발언을 시작해야 한다는 사실을 앞에서 언급한 바 있다. 이제 당신은 당신의 욕구와 소망을 부각시키는 데 에너지를 집중시켜야 한다. 그러한 에너지를 발산하고 강력하게 분출시키기 위해서는,

- 당신이 강한 빛을 내는 램프(40W가 아니라 75W의 전구를 가진 램프)라고 상상해보라.
- 청중의 지지를 얻기 위해 필요한 것, 혹은 당신의 역량에 따라서 그 '세기'를 조절하라. 당신이 발산하는 인격을 다른 사람들이 얼마만큼 지각하느냐에 따라 당신의 카리스마가 좌우된다.
- 청중을 강렬하게 바라보라.
- 청중에게 전류가 흐르도록, 다시 말해 서로 뜻이 통하도록 표정과 표현력에 더 많은 힘과 무게감을 실어라.
- '설득을 시도하는 것'은 주도권을 쥐고 다른 사람의 생각을 명확히 밝혀주려고 과감히 부딪쳐보는 것임을 잊지 마라.

상대의 카리스마를 평가해보라

가까운 주변 사람이나 업무상 알고 지내는 사람들 중에 다섯 사람을 선정하라. 이 테스트를 통해 당신은 그들이 어느 정도로 카리스마를 갖고 있는지 평가할 수 있다. 그들의 개성, 행동방식과 의사소통 방식에 집중해보아라. 당신은 그들의 신념, 열의, 유연한 태도가 어느 정도라고 느끼는가? 그들에게 해당되는 란(강/약)에 표시를 하면서 그들을 평가해보아라.

이 름	신념		열 의		유연성	
	강	약	강	약	강	약

자가진단의 결과를 알기 위해서는 193쪽을 참조하라.

카리스마 있는 사람을 본받아라

1. 자신에 대한 믿음을 가져라

2. 기꺼이 자기 자신에 대해 숙고하라

3. 자신의 욕구를 헤아려보라

4. 스스로 신념을 구축하라

5. 관대함을 드러내라

6. 유연하고 융통성 있는 태도를 가져라

7. 기꺼이 노력하라

8. 어떤 일이 있어도 믿음을 가져라

9. 자신의 성공 사례를 버팀목으로 삼아라

10. 실패한 후에는 재도약하라

집중과 열의를
점검하라

몇 분 안에 설득하기 위해서 가장 힘이 되는 최상의 지원군은 바로 동기부여다. 이제 자신의 의도와 동기를 굳게 믿고 자신에 대해 분명히 알기 위해 자문하라. 이러한 과정을 통해서 에너지를 적절히 조절하는 법을 배워야 한다. 간결한 발언을 위해서는 집중과 열의의 균형이 중요하다.

1. 다양한 표현 스타일에 주목하라

커뮤니케이션에 관한 수많은 연구를 보면, 우리는 누군가의 말을 합리적으로 평가하는 데 전념하기 전에 우리의 느낌과 감정에 영향을 받는다.

🔊 감정을 표현하라

머뭇거리지 말고 느낌과 감정을 표현하라. 예를 들어, 당신은 "저는 이번 회합에서 여러분께 실제 사례를 말씀드릴 수 있어 기쁩니다"라고 말할 수 있다. 이런 당신의 진정성은 결국 득이 될 것이다. 그러나 주의해야 할 것은 실제로 느낀 점만을 말해야 한다는 것이다. 그렇지 않으면 사람들은 당신을 믿지 않을 수도 있다.

그리고 일시적으로 느낄 수 있는 불만족이나 어떤 한계를 드러내는 것을 두려워하지 마라. 예를 들어 "저는 ~안을 마련할 때 제 주장을 충분히 관철시키지 못했습니다"라고 말하는 것이다. 당신의 느낌과 감정은 당신의 경험 및 증언이나 다름없다. 그렇게 감정을 표현하면 보다 인간적인 모습을 전할 수 있고, 인간미 있는 사람이라고 평가받을 수 있다.

🔊 당신의 활력을 영상 이미지로 표현하라

여러 사람들 앞에서 발표를 한다면 파워포인트를 이용해 글, 그림, 그리고 이해할 수 없거나 지나치게 단순한 도식을 연이어 보여주는 방식에서 벗어나라. 수많은 자료들 때문에 발언이 파묻혀버린다면, 발언을 통해 핵심 아이디어를 전달하기 힘들다.

그러나 청중에게 강한 인상을 전해줄 사진이나 도안을 프로젝터로 보여준다면 당신의 열의가 더욱 잘 표현될 것이다. 이를테면 공동작업을 예증해야 할 경우, 다음과 같이 차별화된 접근으로 창의성을 드러내 보여라. 12명의 배우로 구성된 서커스단이 한 개의 자전거 위에 균형을 잡고 있는 사진이 청중에게 더욱더 강한 인상을 줄 수 있다.

당신의 메시지와 표현형식, 주목을 끌 만한 표현이 준비되어 있다면, 이런 작업을 추진해볼 만하다. 당신이 직접 고른 두세 개의 영상은 그 자체로 당신을 대변해줄 것이며, 발언에 보다 많은 의미를 부여해줄 것이다.

🔊 당신의 좋은 이미지가 성공적인 프레젠테이션을 만든다

당신이 사용하는 단어, 표현법, 추론, 몸동작, 표정, 억양, 자세, 목소리가 당신의 표현 스타일을 만들어낸다. 당신의 스타일은 메시지만큼 중요하며 그 자체로 해석될 수 있다. 당신의 이미지와 스타일이 유리하게 당신을 대변하고 발언의 영향력에 관여한다는 사실을 기억하라.

🔊 간결한 프레젠테이션에서는 개인적인 이미지가 결정적인 역할을 한다

간결한 발언에서는 개인적인 이미지에 훨씬 더 관심이 집중된다.

당신이 의외의 반응을 일으키는지, 영향력이 있는지, 또 상대나 청중이 당신에 대해 어떤 인상을 느끼고 기억하는지, 이런 사실에 초점이 맞춰진다. 효율적으로 말하기 위해서 집중과 열의에 따라 당신의 에너지를 결집시키는 것이 유리하다.

2. 집중하라

전체 발언 시간 동안 에너지를 적절히 배분하기 위해서는 집중이 중요한데, 특히 발언하기 직전과 발언을 시작할 때 집중이 중요하다. 사실상 집중은 당신의 진지한 이미지, 전문가다운 이미지, 적극적인 이미지를 보강해준다. 그리고 그러한 집중을 통해 자신에 대한 믿음을 갖게 된다.

🔊 보다 쉽게 집중하기 위해서는,

- 차분한 상태를 유지하라.
- 발언을 하는 동안 제스처를 취할 경우, 천천히 하라.
- 청중이 이해할 수 있게 너무 빨리 말하지 않도록 조심하라.
- 성급하고 초조해하는 태도, 침착하지 못한 태도는 일절 지양하라. 이것은 앞서 당신에게 해준 일체의 조언과 상반될 것이다.
- 당신이 미리 준비했고 발언에 대해 숙고했으며, 논제를 검토했다

는 사실, 그래서 당신은 그 일에 착수할 준비가 되어 있다는 사실
을 보여주면서 성실한 사람의 이미지를 강조하라.

- 시작 부분에 좀 더 비중을 두어라. 그러면 당신은 처음부터 청중
에게 강한 인상을 줄 것이다. 발언 첫머리에 무게감과 큰 영향력
을 실어주고, 당신의 논제가 다른 사람들을 향해 '한 계단 한 계
단 내려가도록' 하라.

3. 열의를 전달하라

당신은 집중해야 할 뿐만 아니라 열의를 가져야 한다. 사실 이득이
되는 당신의 두 번째 이미지는 바로 활력과 열정이다. 제안, 제의나
요청에 그런 활력과 열정을 불어넣어야 한다. 당신은 실천하고 행동
하고자 하는 욕망을 드러내야 한다.

🔊 설득하기 위해서는 당신의 욕망을 함께 나눠라

틀림없이 당신은 냉랭하고 무미건조한 발언에 대해 기억하고 있
다. 설득하는 것은 쉽지 않은 일이다. 활력과 열의가 있어야 설득할
수 있다. "나는 일요일에 회전목마를 탈 거야!"라고 말하며 흥분에
차 있는 아이들을 생각해보라.

- 열성적으로 말하라

"저는 이 프로젝트를 믿습니다. 여러 팀은 도전에 응할 준비가 되어 있고, 우리는 이 시장에서 발전할 수 있습니다. 지금 우리의 고객 파일이 완성되어 있습니다"

- 거드름을 피우지 마라

전문지식만 앞세우는 고위 관료들, 정치인들, 경영주들이 발언할 때, 종종 그들은 거만하다고 비난을 받는다.

당신에게 어떤 책임이 있다고 해도 열의를 함께 나눌 권리가 있다. 그렇지만 활력을 드러내는 일은 어디까지나 당신 자신을 표현하는 것이다. 비록 청중이 당신만큼 열의를 보이지 않더라도 그런 위험쯤은 감수하라. 당신은 설득하기 위해 유효적절한 모든 수단을 다 동원했다고 생각할 것이므로 후회하지 않을 것이다.

🔊 굳게 믿어라

다음과 같은 사람에게 무언가를 거절하기는 더 어렵다.

- 자신의 말에 집중하면서 자신의 생각과 의지를 표현할 줄 아는 사람.

-아울러 자기계발을 위해 자신의 열의와 활력을 표현할 줄 아는
사람.

🔊 항상 자문하라

어떤 요청을 했을 때 실패한 경우, 자신이 어떤 이미지를 보였는지
자문해보라. 상대방의 권위주의를 비난하거나, 열린 마음이 부족하
다거나 교활하다고 비난하기보다, 발언 과정에서 자신의 문제점이
무엇이었는지 뒤돌아보라. 이런 과정을 통해 겸손을 배우고 자신에
대한 열정을 발견할 수 있을 것이다.

설득하기 위해 꼭 필요한 집중과 열의

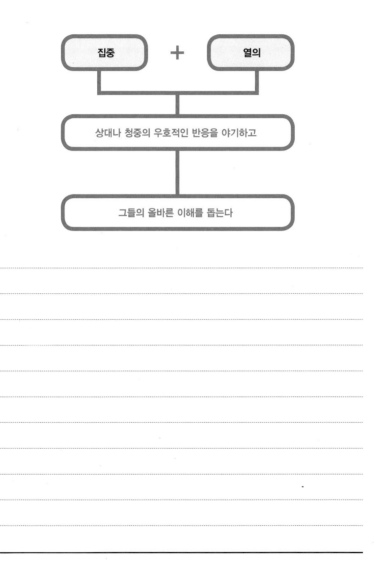

당신의 신뢰도를
점검하라

신속하게 설득하기 위해서 신뢰감 있는 이미지를 키워가는 것이 유리하다. 신속하게 설득해야 하는 여러 상황, 동의를 얻어내기, 관심을 불러일으키기, 만남을 유도하기, 어떤 결정을 변경하기 같은 상황은 이 같은 사실을 잘 시사해준다. 당신이 요청을 하거나 신속한 설명을 할 때 결코 아무것도 얻어내지 못한다면, 당신의 신뢰도에 문제가 있는지도 모른다. 이제는 그 점을 인식하고 당신의 태도와 행동을 바꿀 때다.

1. 일관성 있는 태도를 보여라

다른 사람들이 당신의 말에 주의 깊게 귀 기울이게 하기 위해서는 일관성 있는 태도를 보여야 한다. 일관성은 신뢰의 토대가 된다. 일관성으로 개인적인 평판이 좌우되기도 한다. 이러한 사실은 물론, 그 사실에 대한 인식은 아주 중요하다. 당신이 아주 간결한 발언을 하면서 동의나 지지를 얻어내려고 애쓸 경우, 상대는 당신의 평판에 초점을 맞추기 때문이다.

🔊 약속을 지키는 사람으로 인정받아라

- 언행을 일치시켜라.
- 행동방향을 지켜나가라.
- 모범적인 태도를 보여라. 그러면 신속하게 발언할 경우 별다른 우려 없이 과감하게 요청할 수 있으며, 사람들이 당신의 말에 주의 깊게 귀 기울일 것이다.

🔊 일관성 있는 사람으로 인정받아라

당신의 평판이 좋지 않다면, 서두, 논거와 어조를 세심하게 준비했다고 하더라도 상대의 믿음을 얻지 못한다. 그 이유는? 믿음을 가져오는 것이 바로 일관성이기 때문이다. 평판에 따라 인간 유형은 다음과 같은 두 범주로 구분된다.

'일관성'이란 무엇인가?

언행이 일치하는 사람이 일관성 있는 사람이다. 일관성은 설득을 강력하게 지지해주는 지 렛대다. 상대나 청중이 "그가 그렇게 말했으니 그는 그렇게 할 것이다"라고 한다면 설득할 수 있는 가능성이 커진다. 그러나 무엇보다도 일관성은 말보다도 행동이다.

- "그가 네게 그렇게 말했잖아. 걱정하지 마, 믿음을 가져. 그는 약 속을 지킬 것이고 그렇게 할 거야."
- "그가 실천한다면 그건 아주 특별한 일이 될 걸."

좋은 평판을 유지하라

상대나 청중이 당신을 알고 있을 때(혹은 그들이 당신에 대해 어떤 말을 들었을 때), 그리고 당신이 믿을 만한 사람이라는 평판을 받을 때, 누군 가를 설득할 수 있는 가능성이 더 커진다. 사실상 신속한 요청을 할 경우 상대는 당신에 대해 제대로 이해하고 판단하기 어렵지만 그가 당신에 대해 알고 있다면 그 사실이 당신의 메시지보다 더 우세한 힘 을 발휘할 것이다.

좋은 평판을 얻기 위해 노력하라

만약 일관성이 부족하다면, 당신은 당신의 평판이 바뀔 때까지 기다리면서 다른 누군가가 당신을 위해 그 요청을 해주도록 애쓰는 편이 더 낫다. 좋은 평판을 얻었을 때라야 설득 성공률이 훨씬 높아지기 때문이다.

2. 신뢰도를 보강하라

당신의 신뢰도는 고정돼 있지 않고 계속해서 변화를 보인다. 당신의 평판은 완벽하게 정해진다기보다, 전반적으로 다소 좋거나 다소 나쁘다고 인지된다. 하지만 확정적이거나 논란의 여지없이 언제나 확실한 것은 아니다. 당신의 신뢰도는 늘 재검토되기 때문이다.

🔊 당신은 당신의 신뢰도를 엄격히 보강해가야 한다

신뢰도는 설득을 하는 데 아주 중요한 강점이기 때문에 최상의 수준으로 유지되어야 한다. 신뢰도는 의당 당신의 논제와 논거, 약속의 신용을 보강해줄 것이다.

🔊 신뢰를 되찾아야 한다면 신뢰도를 보일 수 있는 예를 강력하게 제시하라

예상치 못한 상황으로 당신이 오해를 사거나, 이미 신뢰를 잃은 경우가 있을 것이다. 이럴 경우에는 즉각적으로 신뢰도를 회복할 방안을

찾아야 한다. 당신이 지킨 약속을 상기하고 여러 증거를 제시하라.

🔊 먼저 신뢰를 구축하라

자신에게 정확한 목표를 부여하라. 약속을 적게 하라. 당신이 말하고 알려준 내용에 만족하라. 그렇게 한다면 점차적으로 당신의 평판이 향상될 것이다. 당신의 신뢰도는 높아질 것이고, 당신은 과감히 신속한 요청을 할 수 있을 것이다. 그러면 당신은 일관성으로 마련된 신뢰가 설득을 하고 지지를 끌어내기 위한 최선의 강점이 된다는 사실을 인식할 것이다.

🔊 결과를 예정해두어라

지지를 얻고 싶다면 여러 위험을 미리 산정해보아야 한다.

- 사전에 우선순위를 잘 평가하라.
- 예상되는 결과를 예정해두어라.
- 정확히 하라. 그리고 기한을 정하라. 예를 들어 당신이 홍보 캠페인을 수행해야 한다면, 열 개의 회합이 각 지역 대리점에서 언제까지 이뤄질 것이라는 사실을 강조하라.
- 행동의 여지를 마련해두어라. 지나치게 짧은 기일을 예정하지 마라. 확실히 일정 문제에는 당신만 관여하는 것이 아니다.

당신은 당신 자신을 지지해주는 최선의 지원군인가?

당신이 일관성 있고 믿을 만한지, 사람들이 당신의 말에 귀를 기울이는지, 당신이 상대에게 신뢰감을 주는지 알아보기 위해서 다음 명제에 예 혹은 아니오로 답하라.

	체 크 리 스 트	예	아니오
1	자신과의 약속을 지킨다. 말한 것을 행동으로 옮긴다.		
2	대개 집중을 잘한다.		
3	신의 속마음을 털어놓고 욕망을 표현할 줄 안다.		
4	두려워하지 않고 느낌과 감정을 말한다.		
5	믿을 만하다는 평판을 얻고 있다.		
6	과감히 사람들의 눈을 바로 쳐다본다.		
7	시간을 갖고 당신의 느낌과 감정에 대해 자문해본다.		
8	당신의 느낌과 감정을 고려한다.		
9	어떤 역할을 맡는 것을 좋아하지 않는다.		
10	열정적인 사람들을 높이 평가한다.		
11	설득하기를 좋아한다.		
12	다른 사람들의 평가를 받아들인다.		
13	지나치게 쉽게 영향을 받지 않는다.		
14	행동방향을 고수해 나간다.		
15	모범이 되기를 좋아한다.		

자가진단의 결과를 알기 위해서는 194쪽을 참조하라.

한 마디 말로 신뢰가 구축되지는 않는다

신뢰는 일관성을 통해 생겨난다. 당신이 상대에게 신뢰감을 심어주면 상대는 그만큼 더 편한 마음으로 요청을 실행에 옮긴다. 그러나 한 마디 말로 신뢰가 구축되지는 않는다. 신뢰의 조건을 만드는 것은 바로 당신의 일관성(당신이 지킨 약속들)과 당신의 신용(당신의 말이 확인 가능하고 정당하며, 당신의 경험과 관련된 여러 사실에 의해 뒷받침되는 경우)이다. 신뢰가 왜 그렇게 중요한가? 신뢰는 상대를 안심시키고 상대에게 안정감을 가져다주기 때문이다.

당신이 직장생활을 해오면서 신뢰를 꾸준히 쌓아놓았다면 당신은 편안한 마음이 들 것이다. 이처럼 설득할 수 있는 가능성을 증대시키기 위해서는 상대의 신뢰를 돈독하게 다져나가는 것이 중요하다.

❶ 개인적인 신념을 확고히 굳혀라

자신에 대해 분명히 알고 자신의 말을 믿고 있는지 확인해보기 위해서 기꺼이 자신에게 질문을 던져보라.

❷ 당신의 힘, 열정을 온전히 다 바쳐라

전심전력을 쏟아라. 관대하고 유연한 태도를 보여라. 당신의 노력으로 보다 유리하게 설득한다면 영향력을 발휘할 가능성이 커질 것이다.

❸ 가능한 한 강력한 카리스마를 발휘하라

당신의 발언에 강력한 힘과 큰 영향력을 불어넣어라.

❹ 활력을 보여줘라

당신의 두 가지 주요한 강점, 집중과 열의를 동원하라. 그 두 가지 강점은 당신의 성실한 태도를 보증해줄 것이며, 사고력과 열정, 활력을 보여줄 것이다.

❺ 당신의 평판을 향상시켜라

일관성을 유지하라, 당신이 말한 내용을 행동으로 옮겨라, 당신의 신뢰도를 착실하게 관리해나가라. 그러면 보다 수월하게 지지를 얻을 것이다.

PART 05
section
01

당신의 신념을 분명히 밝혀라

　빨리 설득하기 위해서는 당신의 신념이 최선의 강점 가운데 하나라는 사실을 이해했다. 신념은 당신에게 신뢰감과 무게감을 준다.

　당신이 12개 이상 '항상/때때로' 란에 답했다면 당신의 신념은 아주 확고하다. 이는 당신이 설득하고 힘을 얻는 데 도움을 줄 것이다.

　당신이 12개 이상 '드물게/때때로' 란에 답했다면 당신의 신념은 오히려 약한 편이다. 당신은 당신의 말을 상당히 믿지 않는다. 당신은 스스로를 취약하게 만든다.

상대의 카리스마를 평가해보라

다섯 사람을 선택한 후에, 그들 각각의 개성에 초점을 맞추어 그들의 신념과 열의, 유연성이 어느 정도인지 당신의 경험을 토대로 평가를 내렸다.

이제 당신이 알고 있는 중요한 예나 사실로 뒷받침해가며, 해당 평가를 심도 있게 살펴보라. 예를 들어……

당신이 '강한 신념' 란에 표시를 했다면 자신의 생각을 단호하게 말하고 자신의 견해를 정확히 밝힌다는 것을 의미한다.

당신이 '약한 열의' 란에 표시를 했다면 아주 신중하고 외향적이지 않으며 아주 예민하다는 사실을 의미한다.

당신이 '강한 유연성'란에 표시를 했다면, 일을 즐거운 마음으로 함께하고 공동 활동에 참여하며, 여러 사람이 관여하는 작업을 도와주려고 애쓴다는 사실을 의미한다.

당신은 당신 자신을 지지해주는 최선의 지원군인가?

집중, 열의, 카리스마, 일관성, 성실한 태도는 당신의 설득력을 지지해주는 지렛대이다. 당신을 알고 있는 어떤 한 사람, 혹은 여러 사람들 앞에서 간결하게 발언할 때, 당신의 평판과 개인적인 이미지가 당신의 발언과 당신이 발휘하는 영향력에 자연히 배어들게 된다. 따라서 당신은 개인적인 이미지에 대해 자문해보아야 하고, 이미지를 개선시켜야 한다면 그 이미지를 바꿔보려고 노력해야 한다. 그러기 위해서는 먼저 상황을 인식한 다음 실제로 다시 검토해보아야 한다.(당신은 어떻게 인식되며, 또 어떻게 인식되기를 원하는가? 당신이 느끼는 것과 다른 사람들이 어떻게 인지해줬으면 좋겠다고 희망하는 것 사이에 일관성과 적합성이 있는가?) 요컨대 처음부터 자기자신에 대한 진정한 검토가 관건이다. 그런 과정은 충분히 그럴 만한 가치가 있다.

이 테스트를 통해 당신은 다음과 같은 주요 사안에 대해 명확히 알 수 있다. '당신은 당신을 지지하는 최선의 지원군인가?' 다른 말로 표

현해보자면, '당신은 당신 자신에 대해 분명히 알고 있는가?'

당신이 10개 이상 '예'라고 답했다면 당신은 언행일치를 잘 하고 있다. 그러면 당신에게 힘을 실어줄 수 있는 유리한 토대가 마련되며, 분명히 적극 참여할 수 있는 능력을 갖게 된다.

당신이 10개 이상 '아니오'라고 답했다면 자신의 상황에 대해 재인식해보는 편이 바람직하다. 당신은 자신에 대해 분명히 알지 못한다. 짧은 시간 안에 설득해보려는 시도는 당신에게 힘겨울 것이다. PART 5를 다시 읽고 자기믿음, 자기긍정, 자기존중에 관련되는 것에는 다 관심을 가져라.

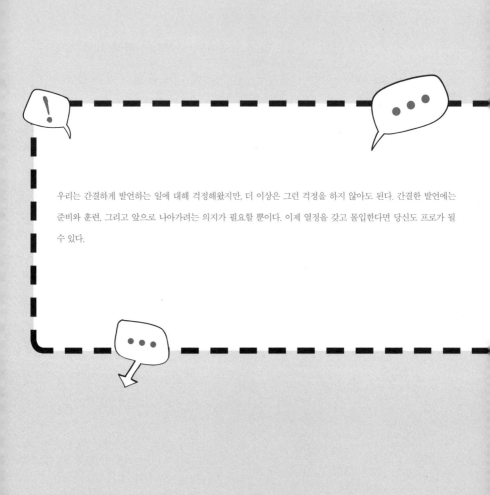

우리는 간결하게 발언하는 일에 대해 걱정해왔지만, 더 이상은 그런 걱정을 하지 않아도 된다. 간결한 발언에는 준비와 훈련, 그리고 앞으로 나아가려는 의지가 필요할 뿐이다. 이제 열정을 갖고 몰입한다면 당신도 프로가 될 수 있다.

말발의 귀재처럼
되는 법

종합적으로
평가하고 반성하라

수많은 경험에서 얻는 훌륭한 교훈은 우리를 한층 더 발전할 수 있게 한다. 하지만 체계적인 분석과 종합평가 없이는 불가능하다. 이 분석과 평가를 통해 교훈을 얻고 효율성을 높일 수 있다.

1. 당신의 발언을 종합적으로 평가하라

발언의 결과가 어떠하든, 발언한 후에 반드시 종합적으로 평가해야 한다. 너무 짧은 시간에 이루어지는 발언이라고 해서 평가 작업을 외면해서는 안 된다. 사실 짧은 발표를 위해 사전에 더 많은 시간을 들여 준비작업을 한다는 사실을 상기하라.

🔊 발언 기회를 통해 매번 배움을 얻어라

일을 하는 시간과 배우는 시간(독서, 세미나 참여)이 구분돼 있다고 생각할지 모른다. 그러나 매번 그런 것은 아니다. 성공에 힘쓰고 보다 월등하게 발전하기 위해서, 당신은 관점을 바꾸어야 하고 다음과 같은 사실을 고려해야 한다.

- 전 생애에 걸쳐 배움을 주는 상황이 있다.
- 교훈을 주고 보다 내실을 기할 수 있게 해주는 계기가 있다.

여러 차례 간결한 발언을 한 후에 체계적으로 종합평가하고 교훈을 얻으면 발전할 수 있는 기회는 보다 늘어난다.

🔊 준비작업을 점검하라

준비작업을 뒤돌아본 다음, 준비작업과 실전 사례 간의 연관성을 점검해보라.

- 한 발짝 뒤로 물러나 당신이 어떤 방식으로 준비했는지 관찰하라.
- 어떤 여건에서 준비했는가?
- 당신이 상상하고 예정한 일과 실제로 일어난 일을 두루 비교·검토하라.

- 교훈을 끌어내라. 당신의 준비는 완전하고 충분했으며 상당히 상세했는가?
- 준비작업으로 당신은 마음이 편안하다고 느꼈는가?

🔊 실제로 어떤 일이 일어났는지 정리하라

종합평가 작업의 핵심단계로 거리를 두고 실제 사례를 바라보는 작업이다.

- 거짓말을 하지 말고 자신을 혹독하게 몰아세우지도 힐난하지도 말고, 정직하고 명석하게 객관적으로 판단하라.
- 무엇을 말하고 느꼈는지, 기억하고 있는 사실을 다 모아라.
- 당신이 지켜본 청중의 반응을 다시 기억해내라.
- 다른 사람들의 증언과 논평 역시 빼먹지 말고 기록하라.
- 이 모든 사실들을 나열해가며 기록하라.
- 그런 다음, 작성한 리스트에서 긍정적인 항목과 부정적인 항목을 나누어라.

🔊 교훈을 끌어내라

정리단계를 마치고 나면 이제는 교훈을 얻는 유익한 단계다. 구체적인 교훈을 얻어내기 위해 정리한 목록에서 도출된 조언을 자세히

정리해야 한다. 예를 들어,

- 강렬한 인상을 전하기 위해서 좀 더 일찍 예문을 들어라.
- 발언하는 동안 앉지 말고 계속 서 있어라.
- 특정인에 치우치지 않고 청중을 두루 바라보라.
- 단지 프로젝트에 대해서만 말하지 말고, 프로젝트 내에서 수행된 작업에 대해 말하라.
- 설명을 많이 하고 자신을 정당화하는 일은 자제하라. ("우리는 ~을 하기 위해서 시간이 부족했습니다"라고 말하지 마라.)
- 발언 사례를 세심하게 정리하라.

🔊 1주일 동안의 발언 사례를 세심하게 정리하라

그 각각의 경우에 대해, 요청하기, 동의를 얻어내기, 결정이나 프로젝트를 주장하기와 같이 목표를 결정하라. 신속한 발언에 착수하기 전에 하라. 예를 들어, 이번 주에는 다섯 번의 발언 사례가 있었다는 식으로 자세히 정리를 한 후에, 기억을 더듬어 머릿속으로 발언 상황을 죽 떠올려보라. 당신이 자연스럽게 기억해낸 것을 기록하라. 확실히 그 각각의 발언 기회에서 교훈을 얻을 수 있다.

🔊 기꺼이 당신 자신을 다시 평가하라

기꺼이 스스로를 다시 평가해보는 경우에 한해서 교훈 목록을 작성하는 일은 의미 있는 일이다. 준비작업에 대한 점검, 정리작업, 교훈을 끌어내는 엄정한 수순을 밟아야 종합적인 분석이 가능하다. 그리고 과감하게 다음 사항을 인정하면서 두루 비교·검토해보아야 한다.

– 원활하게 진행된 일
– 당신이 잘 해낸 일
– 제대로 진행하지 못한 일
– 당신의 선택, 실수 등과 같이 당신이 책임을 져야 할 일

이제 당신의 발언을 성심성의껏 종합적으로 평가하라.

🔊 피드백을 실천하라

다시 발언을 한 후에는 이전 사례에서 얻은 가르침을 얼마만큼 실천했는지 잘 헤아려보아야 할 것이다. 그때 당신은 자문을 해서 다음 사항을 알아보아야 한다.

– 지난번 발언 사례에서 얻은 교훈을 이용했는가
– 준비작업을 따르고 주의할 사항을 제대로 유념했는가

그렇지만 매번 종합평가하고 반성하는 과정을 거치면서 거기에 지나치게 절대적인 가치를 부여해서는 안 된다.

당신은 효율적으로 종합평가, 분석하는 습관이 있는가?

당신의 심리상태를 가장 잘 반영해주는 란에 표시를 하고 당신의 습관을 정확히 판단하라.

	체크리스트	자주	가끔	거의
1	어떤 일을 끝냈을 때, 빨리 다른 일로 넘어간다.			
2	오래전에 했던 일들을 다시 생각하는 경우가 있다.			
3	종합평가 작업이 가혹하다고, 특히 실패한 경우에 가혹하다고 생각한다.			
4	지나간 일에 대한 반성이 시간낭비라고 생각한다.			
5	종합평가 작업을 하기 위해 집중하기가 쉽지 않다.			
6	종합평가 작업을 하는 데 시간이 많이 걸린다.			
7	종합평가 작업할 때 자신에 대해 지나치게 엄격하다.			
8	자신을 정당화하기 위해서 변명을 찾는다.			
9	현실을 직시하는 것을 참지 못한다.			
10	종합평가 작업을 하면서 교훈을 끌어내지는 않는다.			
11	종합평가 작업을 할 때 아무것도 기록하지 않는다.			
12	종합평가 작업을 할 때 주변사람들을 끌어들이려고 유도한다.			
13	교훈을 고려하지 않는다.			
14	다른 사람들의 견해에 귀를 기울인다.			
15	어떤 일을 할 때마다 그 일을 경험으로 삼는다.			

자가진단의 결과를 알기 위해서는 229쪽을 참조하라.

간결한 발언의
프로가 돼라

우리는 간결하게 발언하는 일에 대해 걱정해왔지만, 더 이상은 그런 걱정을 하지 않아도 된다. 간결한 발언에는 준비와 훈련, 그리고 앞으로 나아가려는 의지가 필요할 뿐이다. 이제 열정을 갖고 몰입한다면 당신도 프로가 될 수 있다.

1. 긍정적으로 몰입하라

모든 일이 그렇듯 성공을 거두기 위해서는 긍정적인 태도를 계발하는 일이 준비작업만큼이나 중요하다. 긍정의 힘은 프레젠테이션에서 상대에게 신뢰감을 준다.

🔊 도전을 받아들여라

새로운 인터넷 사이트 제작에 대해 당신이 구상한 프로젝트를 추진시키기 위해서 회의 시간에 짧게 발언하는 일이 있다고 한다면 굉장히 흥미진진한 일이라고 생각하라. 단지 당신의 아이디어만 흥미진진한 것이 아니라, 운영위원회에서 그 아이디어에 대해 말해야 한다는 사실 또한 흥미진진한 일일 거라고 생각하라. 그렇게 생각하면 모든 것이 다 바뀔 뿐더러, 발언에 완전히 몰입할 수 있다. 성공하는 프레젠테이션을 위해서는 당신이 즐거운 마음으로 발언하고 있다는 사실을 보여주는 것이 중요하다.

🔊 '스피드 네트워킹'에 빠져보라

- '스피드 네트워킹'이란 무엇인가? 구직자들과 채용 전문가나 헤드헌터들 간의 만남으로, 이 채용방법은 실제로 사람을 대면하는 경우, 단순히 이력서를 읽는 것보다 더 큰 효과를 가져온다.
- 만남은 어떻게 진행되는가? 구직자들은 제각기 한 테이블에 자리를 잡아 정확히 몇 분간의 면담을 하고 신호음이 울리면 그 테이블을 떠나며, 그다음에 다른 상대와 새로운 면담을 갖는다. 연이어 10번 혹은 12번의 면담을 그런 식으로 계속해간다.
- 목적은 무엇인가? 구직자들의 목적은 그들의 경력에 관심이 있는 사람들에게서 정식 채용면담 약속을 얻어내는 것이다.

- 이 방법에 어떻게 준비할 수 있는가? 앞서 나온 조언을 전부 다 시도해보면서 대비할 수 있다. 당신은 종합평가하고 교훈을 얻는 경험을 일종의 게임으로 여긴다면 아주 빨리 발전할 것이다.
- 당신에게 어떤 이점이 있는가? 유용한 명함을 여러 장 쌓고, 당신의 명함을 곳곳에 뿌리면서 인맥을 형성할 수 있다. 또 격식 없이 당신 자신과 당신이 구상한 프로젝트의 핵심을 전하는 법을 배우면서 자신을 시험해볼 수 있다. 그리고 시장에 대한 정보를 얻고, 인재채용 문제와 관련하여 유용한 정보 혹은 조언을 끌어모을 수 있다.

2. 발언 기회는 전부 다 붙잡아라

당신은 기껏해야 두 달에 한 번 열리는 부서회의, 아니면 동창회에 나가서 왜 아무 말도 하지 않는가? 당신은 왜 아무런 효과 없는 단순한 지적이나, 심지어 당신 이미지에 해가 될 부정적인 반박만 하는가?

우리는 발언에 익숙해져야 한다. 사소한 자리에서 생각과 의견을 말하는 기회를 많이 가질수록 프레젠테이션을 보다 성공적으로 이끌 수 있다.

🔊 생각과 의견을 표현하고 발언하라

만약 표현에 인색하다면 아마도 상대방은 당신에게서 친밀감을 느끼지 못할 것이다. 뿐만 아니라 무슨 생각을 하고 있는지, 어떤 의도로 행동하는지 이해하지 못할 것이다. 당신의 생각과 의견을 표현하고 발언하라. 이는 세심하게 준비하고 무슨 말을 할지 결정하면서 자기 자신을 드러내는 일이다. 만약 행동과 결정을 생각한다면 당신의 발언에 더욱 힘이 실릴 것이고 당신은 최상의 빛을 내뿜을 것이다.

🔊 발언의 기회를 포착하고 적절한 시간에 필요한 발언을 하라

지나치게 말을 많이 하거나 충분히 말을 하지 않는다면 당신은 원하는 것에 제대로 초점을 맞출 수 없다. 그런데 발언의 내용을 잘 구상해냈을 경우엔, 자연스럽게 간결한 발언을 하도록 유도되어 결국 어떤 결정을 내릴 수 있다. 한편으로 당신은 이런 유형의 시도에 익숙해져 더욱 발전할 수 있고, 또 한편으로 유용하고 지향점이 있는 발언에 집중할 수 있다.

🔊 주변 사람들에게 조리 있게 말하는 습관을 길러라

반드시 거창한 주제로 진지하게 토론하지 않더라도 말할 기회는 주변에서 얼마든지 만들 수 있다. 가족이나 친구 혹은 동료들을 대상으로 말할 기회를 늘여가다 보면, 서로간의 친밀감도 높이고 화술도 향상될 것이다. 따라서 더 편안한 마음을 갖기 위해서 친구나 가족을 대상으로 훈련해보라. 준비시간을 할애해 선택이 필요하거나 의견을 조정해야 하는 사안에 대해서 조리 있게 말을 하고 상대를 설득해보라.

3. 시간에 대한 관점을 바꾸어라

가장 아쉬운 건은 단연코 부족한 시간이다. 짧은 시간 내에 당신은 프레젠테이션을 원활하게 수행해야 한다. 간결한 발언을 하기 전에 여러 가지 준비를 해두면, 점차 당신은 자연히 더 편안한 마음을 갖게 될 것이다.

🔊 시간 부족에 대한 불평을 버려라

간결한 발언의 프로가 되기 위해서는 시간이 부족하다고 불평하는 일을 중단해야 한다. 과감히 관점을 바꾸고 짧은 시간이 장애나 제약이 아니라 오히려 강점이 된다고 생각하라. 간결한 발언을 통해 당신은 당신의 목표를 정확히 한정하는 동시에 단 하나의 일에 집중할 수 있다.

- 핵심으로 다가갈 수 있다.
- 당신의 최상의 모습을 보여줄 수 있다.

기업 대표와 투자자들 간에 이루어지는 '원 투 원'

CAC 40 (프랑스 파리 증권거래소에 상장된 40개의 우량주식)의 회사 대표들은 투자자들을 만나 아주 짧은 면담을 갖는데, 여기에는 언제나 큰 쟁점이 걸려 있다. 그럼에도 기업 대표와 자금관리자, 다시 말해 기업주와 주주 사이에 이루어지는 만남을 일명 '원 투 원'이라고 하는데 이때 결정이 십여 분 만에 내려진다.

중대한 쟁점이 걸려 있는데도 짧은 시간 안에 성공적으로 설득해내기 위한 열쇠는 무엇일까?

- 중요한 정보를 제공하면서 신뢰를 주라
- 정확한 답변을 제시하라
- 결과에 투명성을 보장하라
- 믿을 만하고 이목을 끄는 예측을 제공하라
- 과감하게 소문을 다루고 설명하라

통상적인 생각과 달리 재무분석가들은 엄정한 발표문에만 민감하게 반응하지 않으며 무미건조한 수치를 있는 그대로 받아들이지 않는다. '원 투 원'에 성공하는 기업주들은 그들의 모습을 미래에 투사하면서 상대의 마음을 사로잡을 줄 안다.

– 당신이 일으킨 효과가 신속하게 영향을 미친다.

신속한 발언의 일정표를 짜보라

상황(상대나 청중)	지향하는 목표	준비(기간, 할당할 시간)	발언 시간
여러 사람들이 모이는 회합 사업 부문 대표 앞에서 발언	새로운 인터넷 사이트 제작을 마무리짓기 위해 추가예산을 얻어내기	11월 15일~20일에 2시간을 예정하기	11월 22일 14시 30분경

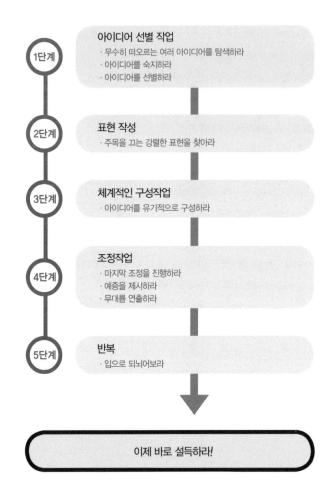

간결한 발언을 준비하는 주요 단계

1단계

아이디어 선별 작업
· 무수히 떠오르는 여러 아이디어를 탐색하라
· 아이디어를 숙지하라
· 아이디어를 선별하라

2단계

표현 작성
· 주목을 끄는 강렬한 표현을 찾아라

3단계

체계적인 구성작업
· 아이디어를 유기적으로 구성하라

4단계

조정작업
· 마지막 조정을 진행하라
· 예증을 제시하라
· 무대를 연출하라

5단계

반복
· 입으로 되뇌어보라

이제 바로 설득하라!

타인의 말을
경청하라

　이제 당신은 경험을 축적해 거기서 최상의 교훈을 얻어내야 한다는 사실을 알았다. 그렇다면 이제부터는 귀를 열고 유연하고 신중한 태도를 갖는 것이 중요하다. 이제 당신은 다른 사람들의 말에 귀를 기울이면서 앞으로 나아가게 될 것이다.

1. 발언하는 사람들을 관찰하라

　면담이나 회의 시간 혹은 텔레비전을 시청할 때 당신은 여러 아이디어와 의견을 유념하고 내용에 집중한다. 그것은 관심이 있고 동기부여가 된다는 신호다. 하지만 이제 연사들의 재치와 능수능란한 화술을 짚어내는 법을 배워야 한다.

🔊 발언을 하는 사람들에게 주의를 기울여라

그들의 태도와 행동방식을 알아보기 위해 다음과 같은 질문을 던져보라.

- 그는 어떻게 말하기 시작했는가? 그의 첫 번째 문장은 무엇이었는가?
- 그는 어떤 추론을 이용했는가?
- 그는 청중을 고려하는가? 그는 청중의 눈높이에 맞출 수 있는 능력이 있는가?
- 그의 메시지는 명료한가?
- 그는 자신의 목표에 도달했는가?

🔊 경청하는 습관을 길러라

이런 훈련은 다르게 경청하는 법을 익히는 데, 그리고 그들의 태도와 행동방식을 이해하는 데 아주 유익하다. 당신은 그들의 참모습에 가까이 다가가게 될지도 모른다.

🔊 발언문의 구성에 관심을 기울여라

내용(아이디어, 논거)과 형식(언어, 표정, 억양)뿐만 아니라, 발언문의 짜임새와 그 토대에 유념하라. 그러면 점차 겉으로 드러나지 않은 추론을 익숙하게 고려할 수 있을 것이다. 예를 들어, 상대가 아무것도 논증하지 않았지만 한데 모아놓은 증언으로 그 발언에 힘이 실린다는 사실을 알게 될 것이다.

🔊 변호사들을 본받아라

만일 당신이 발전하길 원한다면, 재판정의 공개회의를 활용하라. 변호사들의 변론을 들어보면 설득하기 위해 논증을 제시하는 다양한 방법을 발견할 수 있다.

- 설득의 원동력을 알아내는 데 전념하라.
- 수집된 증거들을 찾아내라.
- 이용된 추론을 따라가 보라.
- 선택된 단어를 기록하라.

2. 다른 사람들의 입장에서 생각해보라

성공적이었다거나 혹은 실패했다는 등 그저 다른 사람들의 발언 사례를 평가하는 데 그치지 말고 그들의 입장에서 생각해보라. 너무

나 교훈적이고 단순해 보이지만 이러한 시도는 까다로운 동시에 유익하다.

🔊 역지사지의 자세를 견지하라

예를 들어 어떤 프로젝트를 옹호하기 위해, 어떤 채용에 호의적인 논거를 펼치기 위해, 어떤 변화에 반대하거나 법안을 옹호하기 위해서 어떤 결정을 내려야 한다면 역지사지의 자세로 고민하라. 엄정히 그런 상황에 처했을 때 과연 어떻게 하겠는지 생각해보라.

- 자신의 생각과 의견이 적힌 시나리오에서 해독해낸 것을 상세하게 기록하라.
- 당신에게 긍정적으로 보이는 것과 부정적으로 보이는 것을 평가해보라.
- 그 연사와 당신의 경험에서 배운 것을 토대로 새로운 시나리오를 찾아보라.

🔊 방송매체에서 간결한 발언 사례를 지켜보라

〈100분 토론〉과 같이, 다양한 논증이 제시되는 TV 프로그램이 있다. 당신은 그런 방송매체를 통해서 프로 발언자들의 방식을 배울 수 있다.

- 방송을 녹화하고 분석해보라.
- 정치인들의 발언을 지켜보라. 당신의 의견을 개진하기 위해서 시험 삼아 구체적인 대상의 논증을 제시해보면, 당신은 그런 훈련에 무엇이 필요한지 알게 될 것이다.
- 주저하지 말고 시사문제에 도전해보라.
- 텔레비전에서 방송한 간결한 발언 중에 당신이 준비한 주제와 관련된 사례가 있으면 그 방송을 녹화하라.
- 그리고 나서 준비를 하고 비디오 카메라로 당신의 모습을 녹화하라.

물론 이러한 시도는 상상하는 것보다 더 힘들다. 그러나 이러한 힘든 과정이 발언력과 설득력을 향상시키는 데 더 좋은 방법이 된다. 과감히 당신의 모습을 대면하고 비판적으로 검토해보라. 여러 번 그 훈련을 다시 시작하라. 바로 이렇게 다시 노력을 거듭해가면서 당신은 발전할 것이며 열정을 갖고 몰입하게 될 것이다.

3. 주변 사람들에게 당신의 발언 사례에 대해 말하라

발언을 한 후에 당신은 절대로 자기만의 세계에 틀어박혀서는 안 된다. 주변 사람들을 활용하고 그들의 도움을 받아라. 당신의 발언

사업계획서 뒷받침하기

기업 대표들과 재무책임자들은 프로젝트를 요약하고 수많은 사업계획서와 재정 지원 결정에 쓰이는 여러 자료들을 받는다. 종종 사업계획서는 심사위원단 앞에서 5분 혹은 10분 동안에 구두 심사를 받는다. 어떤 경우든 의심과 회의를 걷어내는 것이 관건인 만큼 심사는 두려움의 대상이 된다. 그러므로 프로젝트와 투자 양상에 대한 정보를 전하기 위해서는 다음과 같은 결정적인 질문을 다루어야 한다.

– 계획안의 본질은 분명하게 어떤 것인가?

– 어떠한 역량이 계획안에 도움이 되며 당사자들의 의도는 무엇인가?

– 계획안의 시장환경은 어떠한가? 우호적인가?

– 개발 운영 전략은 어떠한가? 행동계획과 준수해야 할 단계는?

– 단기적, 중기적으로 투자회수의 기회는 어떠한가?

– 초래되는 위기의 성격과 규모는 어떠한가?

내용을 다른 사람들에게 보여주면 필요한 조언을 들을 수 있다. 스승의 가르침은 멀리 있지 않다. 바로 옆자리 동료와 가족들이 훌륭한 스승이다.

🔊 주변 사람들의 반응을 지켜보라

발언을 한 후에 주변 사람들에게 그들은 당신을 어떻게 느꼈는지, 발표가 어떠했는지, 어디에 민감하게 반응했는지 물어보라.

🔊 흥분한 감정으로 반박하지 마라

기꺼이 모든 것에 귀를 기울여라. 반박하지 마라, 당신을 정당화하지 마라, 질문을 해보고 깊이 숙고하라. 여러 증언을 종합적으로 검토하라.

🔊 의문이 나는 부분은 질문하라

회의, 방송, 토론 등등 당신과 마찬가지로 그 자리에 참여한 사람들에게 질문하라. 의문이 나거나 당신 스스로가 고치고 싶은 부분은 드러내고 상대의 의견을 구하라.

🔊 경청은 성공의 첫 걸음이다

그들의 말을 경청하라, 그들의 분석을 들어보라, 여러 증언을 종합해 검토하라. 점차적으로 당신은 예리한 인식 능력을 갖게 될 것이며, 편향적이거나 지나치게 자기중심적으로 반응하지 않고 더욱 폭넓게 이해할 수 있을 것이다.

당신의 성공 사례를
기억해둬라

만약 당신에게 설득할 시간이 몇 분밖에 없다면 최상의 모습을 만들어내는 것이 관건이다. 스포츠 코치들이라면 '경기 수준을 높여야' 한다고 말할 것이고, 인력 개발부서 팀장이라면 역량 강화를 언급할 것이다. 요컨대 당신은 정점에 도달해 있어야 한다.

1. 통찰력을 갖고 노력하라

당신은 믿음을 갖고 준비작업에 전력을 기울여야 하며 집중해서 결단력 있게 시도해야 한다.

🔊 목표를 분명히 정하라

자신이 어느 정도의 수준인지 가늠해보고 지나친 완벽주의에 매몰되지 않으면서 지향하는 수준을 유지해나가야 한다. 그리고 최고가 되려고 애쓰는 게 아니라, 이전 발언에서 보였던 모습보다 좀 더 나아지려고 노력해야 한다. 만일 당신이 최고라고 생각한다면 당신은 더 이상 발전하지 못할 것이다.

🔊 다음 네 가지 질문이 당신을 이끌어줄 것이다

- 내가 가장 최근에 한 발언은 그 이전과 비교했을 때 발음, 억양, 제스처, 말의 속도, 호흡, 목소리가 어떠한가?
- 더 유능하고 경험이 많은 사람은 그 문제를 어떻게 다뤘을까?
- 발언 상황이 내 발언에 어떤 영향을 미쳤는가?
- 현재의 경험에서 어떤 정보들을 끌어내고 있는가?

2. 끈질기게 노력하라

이제 우리는 성공적으로 신속한 발언을 하기 위해 필요한 핵심 사항을 알고 있다. 끈질기게 훈련을 해서 적절한 반사신경을 완전히 몸에 익혀야 한다.

- 다른 사람의 관점에서 생각하고 상황을 이해하기 위해 늘 노력하라.
- 가능한 한 정보를 많이 얻고 신뢰감을 주며, 다루고 싶은 주제에 대해 시시각각 예의주시하도록 애써라.
- 상대나 청중을 고려하라.
- 다른 사람들과 당신의 공통점을 제시하라. 서로에게 공통되는 사항들이 그렇지 않은 사항보다 훨씬 더 큰 영향력이 있다.
- 준비할 때나 실전 상황에서 당신의 발언이 끝에 다다르거나, 혹은 종합평가 작업 후 미련 없이 과거를 잊어버리고 다른 일로 넘어갈 때, 죄책감, 회한을 느끼거나 낙심하지 말고 일을 마무리 짓도록 하라.
- 끈질기게 노력하는 사람들과 교류하라. 틀림없이 당신은 그들의 태도와 방식을 배워 발언 준비를 더 잘해나갈 수 있을 것이다.
- 다른 사람들을 위해서 당신의 재능을 써라. 관대한 마음을 가지면 상대방의 인정을 받을 수 있고 그것은 당신에게 긍정적인 자극이 되어 훨씬 더 힘을 얻고 정당성을 갖게 될 것이다.

3. 열정을 갖고 노력하라

열정을 갖고 노력하라. 그러나 열정이 차고 넘칠 정도로 지나쳐 사람들에게 너무 튀어 지나치다는 인상을 주지 않도록 조심해야 한다.

🔊 메시지를 잘 전달하기 위해서는 무엇보다 효용성을 부각시켜야 한다

- 프로젝트에 대해 길게 말하는 것이 아님을 인식하라.
- 당신이 하고 있는 것, 즉 현재 활동을 보여주는 것임을 깨달아라.
- 따라서 간결한 발언을 할 경우, 지나간 일들을 소개하면서 시간을 끌지 마라. 오직 당신의 현재 활동만이 중요하다. 그러므로 현재의 활동을 설명하고 당신이 실제로 착수한 일을 상대에게 보여주어라.
- 당신은 하고 있는 일을 좋아한다고 과감히 말하라.
- 당신의 발언을 계기로 당신의 작업과 노력을 드러내 보일 수 있다고 생각하라. 그렇게 해서 다른 사람들은 발전한 당신의 모습을 알아볼 수 있을 것이며, 보다 쉽게 당신의 성공 사례가 당연한 귀결이라고 인정할 것이다. 그러면 당신의 노력은 높이 평가받고 인정받을 것이다.
- 주변 사람들이 당신의 발언에 전반적으로 만족하지만 당신은 어떻게 하면 보다 더 나아질 수 있는지 알아보기 위해서 그들의 반응과 의견을 구하고 싶다고 과감히 말하라.

🔊 발언을 통해 결정과 행동을 이끌어내야 한다는 사실을 인식하라

성공리에 마친 신속한 발언의 경우, 말도 중요하지만 그 말을 통해 내려야 할 결정과 착수해야 할 행동을 유도하는 것이 더욱 중요하다. 결국 사람들은 말에 동의한다기보다 오히려 실제 행위에 동의하는 것이나 다름없다. 당신은 당신이 한 일을 말로 전하는 것이다.

🔊 신뢰감을 상대에게 심어줘라

무엇보다 당신의 열정이 너무 지나치지 않게 적절히 강렬하고 기복이 없이 일정하다면 열정은 좋은 동기부여가 된다. 당신의 에너지를 적절히 제어하면서 발언을 하라. 당신은 과감한 결단력으로 열의를 갖고 행동에 나서야 하며, 앞으로 나아가려는 당신의 욕망을 함께 나눠야 할 것이다.

당신은 앞으로 나아갈 준비가 되어 있는가?

상황을 정확히 판단하고 당신의 심리상태가 발전하려는 의지에 부합하는지 알아보기 위해서, 다음 각 명제에 예 혹은 아니오 표시를 해라.

	체크리스트	예	아니오
1	잘 진행된 일을 기억하기를 아주 좋아한다.		
2	완벽에 대한 강박증이 있다.		
3	당신에게 중요한 것은 바로 발전하는 것이다.		
4	노력하기를 좋아한다.		
5	시작한 것을 끝까지 밀고나간다.		
6	자신이 한 발언들을 비교해본다.		
7	비판적인 평가를 받아들인다.		
8	종종 다른 사람들의 발언 사례에서 교훈을 얻는다.		
9	나는 새로운 태도와 행동방식을 실험해본다.		
10	부정적인 결과가 나왔을 때 원활하게 진행된 것을 구별해낼 줄 안다.		
11	실패를 통해 더 많이 노력한다.		
12	성공을 통해 새로운 위험에 대한 도전 욕구를 갖는다.		
13	다른 사람들에게서 긍정적인 측면을 본다.		
14	당신의 말을 듣는 상대를 고려한다.		
15	다른 사람들에게 도움을 주는 유용한 사람이 되고 싶다.		

자가진단의 결과를 알기 위해서는 230쪽을 참조하라.

완벽주의를 조심하라

지나치게 까다로운 사람들과 강박적으로 일정한 방법에 따르는 사람들은 완벽하게 일을 하려고 한다. 굉장히 까다롭게 제약하고 요구사항이 너무 지나치면 소위 '완벽'에 절대로 다가갈 수가 없다. 따라서 스스로를 심하게 괴롭히고 자신을 책망하게 되어 결코 만족하거나 행복을 느끼지 못한다. 한 발짝 한 발짝 꾸준히 나아가겠다는 긍정적인 생각을 키워가는 편이 더 바람직하다. 더욱 확고한 동기 부여를 위해서는 결코 당신이 도달할 수 없는 완벽을 염두에 두며 전전긍긍하기보다 점진적으로 발전하는 모습에 역점을 둬야 한다.

당신의 성공 사례를 모아둬라

성공적인 발언 사례는 기록해서 보관해둘 만한 가치가 있다. 이러한 사례들이 쌓이면 당신의 설득 매뉴얼이 된다. 이것은 그 어떤 책보다 가장 당신에게 적합한 지침서가 될 것이다.

- 작은 수첩을 마련하라. 혹은 컴퓨터에 파일을 만들어 당신의 성과를 기록해두어라.
- 계획안과 설득력 있는 논거들을 간직해두어라.
- 느낀 점을 기록하고 얻어낸 결과를 자세히 적어라.
- 기록한 내용을 규칙적으로 다시 읽어보라. 당신의 성공 사례를 숙지한다면 당신은 이후의 발언을 더욱더 성공적으로 해낼 수 있을 것이다.

앞으로 나아가고 싶다면 야심을 갖고 자신에게 엄격하라. 노력을 쏟아 부으면 더 편안한 마음이 들고 효율성도 높아져 원하던 성공을 거둘 것이다.

❶ 당신의 발언을 종합평가하고 교훈을 끌어내라

경험을 활용하고 이후에는 더 나아진 모습으로 말할 수 있도록 실제 사례를 정리해보고 교훈을 얻어라, 또 당신 자신을 다시 돌아보라.

❷ 열정을 갖고 몰입하라

'간결하게 하기'를 하나의 도전이라고 생각하라. 신속하게 발언해야 할 기회가 생기면 전부 다 붙잡고 준비한 후에 직접 시도해보라.

❸ 다른 사람들의 말을 경청하면서 앞으로 나아가라

그들의 태도와 행동방식을 해독해보면서, 그리고 관찰한 사실을 활용하면서 발전해나가라. 통찰력을 갖고 끈질기게 그리고 열정을 갖고 노력하라. 분명 자연스럽게 대처할 수 있는 능력을 갖게 될 것이고, 끈기 있는 태도에는 보상이 따를 것이다.

❹ 당신의 성공 사례를 기억해두어라

다음과 같은 결정적인 조언에 전심전력을 쏟아라.

다른 사람들을 고려하라, 일관성을 가져라, 당신이 시작한 것을 끝까지 밀고나가라, 낙관적인 관점을 가져라, 신용을 확보하라. 정당성과 적합성을 고려한 발언을 하라, 너무 지나치지 않은 적절한 열의를 보여라.

PART 06
section
01

당신은 효율적으로 종합평가,
분석하는 습관이 있는가?

　종합평가작업은 발전을 지지해주는 최고의 지렛대 가운데 하나이
다. 시간을 할애하고 주의를 기울여 평가작업을 하라. 이 작업은 자신
을 존중해가면서 숨은 잠재력이 발휘되도록 북돋아준다. 당신은 신
속한 발언에 이어 교훈을 활용하는 법을 빨리 익힐 것이다. 점차 나
아져가는 모습을 보고 느끼는 기쁨을 생각하라. 그런 기쁨을 만끽해
가면서 당신은 즐겁게 발전에 대한 의욕을 다지고 생산적인 일을 해
나갈 수 있을 것이다. 그렇게 해서 당신은 노력의 결과인 성공을 누
릴 자격이 있다고 느낄 것이다.

　당신이 12개 이상 '자주/ 때때로' 란에 답했다면 당신은 종합평가
작업에 적극 찬성한다. 발전하기 위해서는 매번 발언을 하고 난 다음
그렇게 하도록 유의하라. 당신이 12개 이상 '때때로/ 거의'(이 가운데
50퍼센트 이상의 답이 '거의') 란에 답했다면, 이 평가작업의 실천문제와
관련하여 당신의 태도를 재검토해야 한다.

당신은 앞으로 나아갈 준비가 되어 있는가?

　당신은 마지막 테스트의 안내서를 읽었을 때, 우선 어떤 효과가 생겨나는지 평가해보게 될 것이다. 아울러 당신을 고무시키는 발전의 지와 관련하여 당신이 어떤 심리상태에 있는지 알 수 있을 것이다.

　당신이 12개 이상 '예'라고 답했다면, 당신은 앞으로 나아갈 준비, 간결하고 성공적인 발언의 전문가가 될 준비가 아주 잘 되어 있다.

　당신이 7~11개 항목에 '예'라고 답했다면, 당신은 더 노력해야 하고 자문해보아야 한다.

　당신이 6개 미만의 항목에 '예'라고 답했다면, 3일간 휴가를 가져라. 그리고 분발하라. 몇 분 안에 이 책을 환불해달라고 서점 주인을 설득해보라. 만일 당신이 성공한다면, 아직 잃은 건 아무것도 없다.

말발의 귀재

초판 1쇄 인쇄 2010년 8월 6일
초판 1쇄 발행 2010년 8월 13일

지은이 리오넬 벨랑제
옮긴이 안수연
펴낸이 이범상
펴낸곳 (주)비전비엔피 · 비전코리아

기획 편집 윤수진 박효진
디자인 정정은 강진영
영업 한상철 한승훈
관리 박석형 이미자 박철호
마케팅 이재필 김희정

주소 121-865 서울시 마포구 서교동 377-26번지 1층
전화 02)338-2411 | **팩스** 02)338-2413
이메일 ekwjd11@chol.com/visioncorea@naver.com
블로그 http://blog.naver.com/visioncorea

등록번호 제1-3018호

ISBN 978-89-6322-022-2 03320